그 매장은 어떻게
매출을 두 배로 올렸나

그 매장은
어떻게 매출을
두 배로
올렸나

사람이 몰리는 매장의 영업 비밀

이춘재 지음

목차

1부 —— 사람이 몰리는 매장의 여덟 가지 매출 공식

2부 —— **장사 잘하는 매장은 율(率)을 관리한다**

매출은 우연이 아니다,
잘 준비된 각본에 의해 만들어진 결과다

　1996년 유통시장을 외국에 개방하면서 국내 유통산업은 큰 위기를 맞게 되었다. 그 당시는 30평 미만의 영세한 매장이 주를 이루던 때라서 초대형 매장과 선진 경영 기법으로 무장한 외국 유통에 문호를 개방하는 것은 큰 이슈였다. 전례 없던 유통산업의 재편이 예상되면서 영세 매장은 존폐의 기로에 설 정도로 심각한 처지에 놓이게 되었다.

　바로 그 무렵인 1994년, 나는 삼성전자 리빙프라자 초대 점장이 된 뒤 2003년까지 10년 동안 수많은 고객을 만날 수 있었다. 그리고 접객에 필요한 다양한 아이디어를 내고, 시행착오를 겪으면서 경험과 노하우를 쌓아나갔다. 열정과 아이디어와 패기가 넘쳐나던 시절이었다. 곰곰이 생각해보면, 점장 생활을 성공적으로 해낼 수 있었던 계기는 일본 연수였다. 리빙프라자 점장으로 임명되기 직전에 4개월 동안 일본에서 연수를 받았는데, 비록 짧은 기간이었지만 그 시기가 내 진로를 결정하고 운명을 바꾸었다고 생각한다.

　양판점에서 위탁 교육을 받는 동안 점차 소매업에 관해 눈을 뜨게 되었다. 매장 영업에 관한 이론과 수십 년간 축적된 노하우를 접하고서 목마른 사람이 물을 들이키듯 빠르게 흡수했다. 특히 매장 접객 체험은 충격이었다. 고객을 감동시키는 접객 서비스, 스토리텔링으로 매장 꾸미기, 효율적인 판매와 직원 능력 향상을 위한 교육 체계 등 차원이 다른 영업을 접했다. 배송, 서비스 팀과 조를 이뤄 고객의 가정을 방문했을 때는 일본 서민들의 속살을 들여다볼 기회도 있었다. 연수를 마칠 무렵 나는 완전한 소매 영업인으로 탈바꿈했다. 멋지게 매장을 꾸미고 다양한 아이디어를 시도하고 싶다는 새로운 꿈도 꾸게 되었다.

점장 생활은 새로움의 연속이었다. 그럼에도 불구하고 언제부터인가 매출 스트레스를 받기 시작했다. 점장으로서 하루 매출 목표를 생각하면 마치 뿌연 안개 속을 홀로 걷는 느낌이었다.

'오늘은 얼마나 많은 고객들이 찾아올까?'

사실 매장 방문과 제품 구매는 순전히 고객 마음이다. 고객만 바라보아야 하는 천수답 영업이 갈수록 갑갑하게만 느껴졌다. 고객들이 찾아주는 날에는 정신없이 바쁘다가도, 없는 날은 허공만 바라보는 날이 계속되었다. 평일과 주말, 날씨의 맑고 흐림에 따라 매출 실적의 희비가 갈릴 수밖에 없었다. 그런 날이 지속될수록 자꾸 기운이 빠졌다. 지금도 영업 일선에 있는 사람들은 대부분 이런 나의 심경을 이해하리라 생각한다.

그 당시 내가 바란 것은, 단 하루라도 좋으니 어느 정도 매출을 예측하는 일이었다.

'예측 가능한 영업을 하기 위해 무엇을 해야만 하는 걸까?'

이게 나의 주된 관심사였다.

매출을 증대시킬 방법만 있다면, 그게 무엇이든 온 힘을 다하리라고 매일 다짐하였다. 어찌 보면 이런 고민이 점장을 하는 내내 나의 과제였던 것 같다. 사실 평소에도 매장에서 하는 활동은 많았다. 매장을 새로 꾸미고 직원들 교육을 하고 다양한 판촉을 하였다. 그렇지만 이런 활동들이 영업에 필요한 것이라는 생각은 들면서도 매출 증대로 연결된다는 확신은 없었다. 그러다 보니 얼마 안 가 시들해지고 다시 새로운 것을 시도하는 일이 빈번하였다.

'지금 하는 일이 매출과 관련 있는 활동인가?'

'매출에 도움된다는 것은 어떻게 확인할 수 있는가?'

오랫동안 점장 생활과 대리점 컨설팅을 하면서 마침내 그 의문에 대한 해답에 근접할 수 있었다. 매출도 수학처럼 공식으로 설명할 수 있다는 것이다. 그리고 그 원리 덕분에 매출과 매장 활동의 인과관계에 대한 오랜 의문이 풀렸다. 매장에서 하는 여러 활동들이 신기하게도 매출과 굳게 연결되어 있었다. 매장 활동과 매출 상호간의 연결 고리를 찾으니 마침내 오랫동안 나를 괴롭히던 과제로부터 해방되는 기분이었다. 그래서 이 귀중한 원리를 나와 같은 고민에 처해 있는 매장 경영자, 점장, 프랜차이즈 본사, 예비 창업자들과 가장 먼저 공유하고 싶었다. 경쟁은 치열하고 자원은 항상 부족한 상황이다. 매출 증대를 위해 이것저것 실험하느라 자원을 낭비할 필요가 없다. 그런 고민은 싹 잊고서 확신을 가지고 매장 활동에만 전

넘하게 하고 싶었다.

매출 원리는 알고 보면 의외로 단순하다. 다만 사람들이 관심을 두지 않았을 뿐이다. 수많은 마케팅 이론과 다양한 경험들이 있지만, 현장 영업인으로서는 고개를 갸우뚱하게 되는 것들뿐이었다. 이런 현상은 기존의 이론과 경험이 틀려서가 아니라 매출과 연계하지 못하기 때문에 발생한다.

'구슬이 서 말이라도 꿰어야 보배'이고, '아는 것이 힘이 아니라 하는 것이 힘'인 것이다.

◦◦◦

이 책은 매장에서 하는 활동들이 매출에 어떤 영향을 주는지, 고객화 활동의 단계별로 어떤 힘을 발휘하는지를 원리에 따라 설명하고 있다. 또한 각각의 단계에서 어떤 활동을 하는 게 적합한지를 알려준다. 매출 원리는 전혀 새로운 것이 아니다. 기본적으로 마케팅이나 소비자 행동 이론을 포괄적으로 담고 있다. 다만 여기에 경험과 노하우를 더하여 현장감을 부여하는 데 초점이 맞춰져 있다. 따라서 영업 현장에서 보면 훨씬 이해하기 쉽고 접목이 용이하다.

원리를 알게 된다면 누구나 자기 매장의 강, 약점을 쉽게 파악할 수 있으며 무엇을 해야 하는지도 바로 알게 된다. 그러므로 매장의 파워를 키우기 위한 키포인트를 찾고 역량을 집중하면 된다. 예를 들어 고객들이 매장을 잘 모르면 홍보 활동을 강화하여 인지도를 높인다. 방문 고객 수가 적으면 고객을 매장으로 유인하기 위한 활동들을 하면 된다. 방문한 고객의 마음을 사로잡기 위해서 매장 꾸미기를, 구매 결정을 마무리하기 위해서는 직원들의 접객 능력을 올리면 된다. 고객들이 재구매나 입소문을 내도록 하려면 고객들과 지속적으로 관계를 유지하거나 감동을 선사하는 일련의 활동들을 하면 된다.

이 책은 다음과 같이 구성되었다. 첫째 장에서는 매출을 구성하는 여덟 가지 힘에 대해 기술하였다. 여덟 가지 힘은 매출 공식을 풀어나가면서 찾아낸 것으로 판매력, 상담력, 집객력, 홍보력, 재구매력, 입소문력 추천 , 고객 발굴력 가망 고객 , 업셀링력이다.

둘째 장에서는 매출 증대를 위해 실질적으로 무엇을 해야 하는지, 구체적인 활동들을 소개한다. 즉, 여덟 가지 힘을 키우려면 '율率 '이라는 핵심 요소를 활성화해야 하는데, 이에 필요한 활동들을 소개한다. 여기서는 판매 성공률, 고객 상담률, 매장 방문율, 매장 인지율, 재구매율, 고객 추천율 등 여섯 가지를 언급하고 있다.

셋째 장에서는 여덟 가지 힘 중 고객 발굴력과, 업셀링력을 별도로 분리하여 깊이 있게 다루었다. 또한 매출 원리에 잘 부합되는 성공 사례를 사람과 매장으로 나누어 벤치마킹하였다.

오랜 영업 현장 경험에서 우러나오는 나의 조언은 '오직 매출 증대에 도움이 되는 활동만을 하라'는 것이다. 괜히 매출과 관련 없는 엉뚱한 곳에 힘과 노력을 쏟을 필요가 없다. 그런 의미에서 이 책은 매출 증대를 고민하는 모든 영업인들에게 작은 힘이 될 수 있으리라 확신한다. 매출에 대한 스트레스를 덜고 시간과 자원을 창조적인 활동에 씀으로써 조금이라도 더 즐거운 영업을 하기 바란다. 매출의 원리가 서비스나 상품, 매장의 다양성을 떠나 영업의 기본 원리로써 현장에서 많이 활용되기를 희망한다.

2017년 6월 이춘재

Offline Store

매장 영업을 하는 모든 경영자와 점장, 그리고 영업 사원들은 하루하루가 괴롭다. 특히 좀체 감을 잡을 수 없어 받는 매출 스트레스는 어마어마하다. 대략적으로라도 오늘 하루 매출을 어림할 수 있다면 스트레스를 받지 않을 뿐 아니라 매장의 근무 분위기나 고객을 대하는 태도도 확 바뀔 것이다. 여기서 '하루의 매출을 어림할 수 있다는 것'은 무슨 뜻인가? 예측할 수 있다는 것은 매출이 예견되는 어떤 조짐이 있거나, 그런 조짐이 일어나도록 특별 조치를 했다는 뜻이다. 매출은 결코 우연이 아니다. 잘 준비된 각본에 의해 일어난 결과이다.

매출에도 공식이 있다. '공식을 알면 매출 걱정 안 해도 되는가?' 이 질문에 대한 대답은 '예스 YES'이다. 그렇지만 한걸음 더 나아가서 '공식만 알면 매출을 쉽게 올릴 수 있나'라고 묻는다면 대답은 '노NO'이다. 다시 말해 매출 공식의 이해보다 실행력이 더 중요하다.

1부

사람이 몰리는
매장의
여덟 가지
매출 공식

매출은 농사짓는 것과 같다. 매장은 논과 밭이고, 점장은 농부다.
매출이란 수확물을 얻기 위해서는 수고를 마다하지 않아야 한다.
땀 흘리는 과정 없이 좋은 결과를 바라서는 안 된다.

1등 매장은
무엇이 어떻게 다른가

매장 책임자로서 점장에게는 수많은 고민이 있겠지만, 그중 으뜸은 매출일 것이다. 많은 고민들이 매출 부진에서 비롯되며, 매출이 좋으면 봄바람에 눈 녹듯 쉽게 해결되기도 한다. 모든 고민 중에서 으뜸인 매출. 이것을 해결하기 위해 먼저 이해해야 할 것이 있다. 매출은 수확물이라는 사실이다.

풍부한 수확은 거저 나오는 게 아니다. 농부가 봄부터 여름까지 내내 땀 흘리는 것과 같은 이치다. 봄에 땅을 일구고 씨앗을 뿌리며, 여름에는 비바람에 맘 졸인다. 타오르는 대지에 물을 주고 거름을 뿌리며 잡초를 뽑아낸다. 또한 날짐승 들짐승에게서 지켜내는 수고도 마다 않는다. 이렇게 많은 고난의 과정을 거치고 나면 땀 흘린 대가로 값진 수확을 거두게 된다. 게으른 농부는 적게 수확할 것이고, 부지런한 농부는 많은 양을 수확할 것이다.

매출은 농사짓는 것과 같다. 매장은 논과 밭이요, 점장은 농부다. 매출이란 수확물을 얻기 위해서는 수고를 마다하지 않아야 한다. 땀 흘리는 과정 없이 좋은 결과를 바라서는 안 된다.

매출을 높이기 위해 가장 먼저 해야 할 일

매장 영업은 기본적으로 '영업 기반 갖추기, 영업 활동 과정, 영업 결과'라는 절차로 이루어졌다. 이러한 매장 영업의 절차를 이해하는 것이 매출을 걱정하는 점장에게는 중요한 일이다.

'영업 기반 갖추기'는 영업 행위를 하기 위해 갖추어야 할 상권이나 점포 입지, 운영 자금, 사람 구성과 같은 기본 환경을 말한다. 이것이 제대로 갖춰지지 않으면 아무리 노력해도 결과가 시원찮을 수밖에 없다. 돌무더기 널린 거친 땅에 쭉정이 씨앗을 뿌리는 격이다. 더구나 가뭄이라도 닥치면, 아무리 부지런한 농부라 해도 좋은 수확물을 얻을 수 없다. 따라서 점포 입지, 운영자금, 사람이라는 영업 기반은 모두 갖추는 게 최상이다. 세 가지 중 한 가지만 미흡해도 결과가 하늘과 땅 차이라는 것을 많은 점장들이 경험했을 것이다.

부족한 한 가지 때문에 쏟아부은 노력들이 헛수고가 될 때 그 허망함을 어떻게 표현할 수 있겠는가? 그러므로 점포를 얻을 때 상권이 적절한지, 점포 입지는 좋은지 신중하게 따져야 한다. 한번 서류에 사인하고 나면 적어도 계약 기간에는 꼼짝할 수 없기 때문이다. 예로부터 장사는 목이 좋아야 한다고 하는데, 실제로 점포 입지가 좋으면 적은 노력으로도 매출이 잘 나오는 경우가 허다하다.

운영자금은 정상적인 활동을 받쳐주는 요소이다. 영업을 잘하다가도 운영자금이 없어 쩔쩔매는 경우를 생각해봤는가? 상품 구매가 제한되고 매장을 제대로 유지하기 어려워진다. 홍보는 고사하고 직원들 급여를 걱정할 정도가 되면 어떻게 장사에 신경 쓸 수 있겠는가? 자금 문제를 안고 있는 매장이 많은 게 현실인데, 운영자금은 우리 몸의 피와 같아서 원활하게 돌아야만 한다는 사실을 명심해야한다.

사람 때문에 속상해본 사람은 사람의 중요성을 누구보다 잘 알것이다. 쓸만한 직원이 없으면 일이 제대로 진행되지 않는다. 모든 일의 중심은 사람이기 때문이다. '영업 활동 과정'은 매장 꾸미기, 매장 홍보, 판촉, 고객 확보, 접객 행위와 같은 활동들을 얘기한다. 영업 기반이 어느 정도 갖춰진 상태라면 그다음부터는 오롯이 매장 직원들의 몫이 된다. 직원들이 농부의 수고를 하느냐 안 하느냐가 수확의 양을 결정하기 때문이다. 하루하루 매장에서 하는 활동의 종류와 질에 따라 매출은 달라진다.

'영업 결과'인 매출과 이익은 영업 과정을 거쳐 나오는 결과물이다. 그리고 좋은 결과물을 얻으려면 영업 과정을 개선해야 한다는게 이 책에서 주장하는 핵심이다. 그러므로 이 책을 이해하기 위해서는 영업 프로세스를 분명히 머릿속에 각인할 필요가 있다.

지금부터는 매출을 높이기 위해 어떤 활동을 집중적으로 할지, 상황에 따라 어떤 활동이 효과적인지를 알아보자.

공식만 알면
매출 걱정은 안 해도 될까

매출에도 공식이 있다. 이 말의 의미를 생각해보자. "공식을 알면 매출 걱정 안 해도 되는가?" 이 질문에 대한 대답은 '예스YES'이다. 그렇지만 "공식만 알면 매출을 쉽게 올릴 수 있나?"라고 묻는다면 대답은 '노NO'이다. 이렇게 말하고 보니 헷갈린다. 공식만 알면 매출 걱정 안 해도 된다더니 공식을 안다고 해서 매출을 쉽게 올릴 수는 없단다. 이 말은 이런 뜻이다. 매출 공식은 이해만 한다고 해결되는 일이 아니고, 공식에 맞는 활동을 하는가 안 하는가에 따라서 대답은 '예스'가 되었다가 '노'가 되기도 한다.

이 매출 공식을 이해한다면 이제부터 일선 영업 사원, 관리자, 경영자, 프랜차이즈 본사는 매출을 걱정할 필요가 없다. 단지 매출 공식에서 도출된 것들이 현장에서 제대로 실행되고 있는가만 파악하면 된다. 이때 결과만 따질 게 아니라 그 과정이 얼마나 제대로 이루어졌느냐를 파악하는 것이 핵심이다.

매출 공식도 알고 보면 전혀 새로운 것이 아니다. 아주 오래전부터 영업 일선에서는 한 조각씩이라도 알고 있던 것이다. 갈릴레오는 지구가 둥글다는 사실을 최초로 말했고, 뉴턴은 사과가 아래로 떨어지는 것을 보고 만유인력을 발견하였다. 우리가 단순히 이치를 아는 선에서 그친다면 이런 발견이 무슨 가치를 가지겠는가?

이들의 발견이 역사상 중요한 위치에 있는 것은 인류 발전에 지대한 공헌을 했기 때문이다. 지구가 둥글다는 것을 아는 데 그치지 않고, 그 사실을 활용하여 항해를 계속했기 때문에 대항해 시대가 열리고 신대륙이 발견되었다. 만유인력의 법칙을 통해 다양한 물리학적 시도가 이루어져 오늘날 문명의 기반이 다져졌다. 아인슈타인의 상대성 원리가 중요한 것은 그 이론의 엄청난 응용력 때문이다. 이처럼 공식은 공식 자체를 이해하는 정도에서 끝나면 아무런 효력을 갖지 못한다. 요술봉과 같은 기적을 만들어낼 수 없다. 공식이나 원리를 응용하는 실행력을 통해서만 기적을 만들어낼 수 있는 것이다.

일본은 유통의 역사가 오래되고 그 수준이 우리나라보다 몇십 년 이상 앞선다고 한다. 일본에 연수를 갔을 때 일이다. 가전 매장에서 실습을 하는데, 직원들의 행동이 신기하게만 느껴졌다. 그들은 정해진 구역과 위치에서 습관처럼 계속 움직이고 있었다. 자세히 관찰해보니 무작정 움직이는 게 아니라 잘 짜여진 매뉴얼대로 움직였다. 직원들이 보던 매뉴얼에는 여러 시장 상황을 세세하게 분석한 내용과 그날 영업 사원이 해야 할 일들이 깨알같이 담겨 있었다.

영업 사원들은 매일 아침 출근하면 조회를 하고, 맡은 구역을 청소한 뒤, 남는 시간에는 롤플레이를 하고 고객들의 소리를 공유한다. 또 판매대의 상품을 정리하고 연출하며 가격표를 정리한다. 그들이 이렇게 하는 이유, 즉 매장에서 일어나는 이 모든 행위들은 오직 매출을 실현하기 위한 것이다. 그들은 무엇을 하는 것이 매출 증대에 도움이 되는지 잘 알았다. 자기가 맡은 구역에서, 주어진 업무를 묵묵히 해나가면 반드시 매출에 도움이 된다는 확신을 갖고 있었다.

소비자의 입장에서 생각해야 한다

이 대목에서 영업에 관계되는 사람들이 알아야 할 것이 있다. '매출을 늘리기 위한 특별한 방법이 있다'는 것과 그렇기 때문에 '매출은 충분히 예측 가능하다'는 것이다. 다시 말하면, 매출에도 수학처럼 공식이 있어서 이 공식을 잘 이해하면 매출 증대의 해법을 손쉽게 찾을 수 있다. 매출 공식은 의외로 간단하다. 이것은 사업의 종류와 상관없고, 매장이 있건 없건, 매장이 크건 작건 보편적으로 통하는 기본 공식이다. 일반적인 매출 공식은 아래와 같다.

공식1 : 매출 = 구매 고객 수 × 객단가[01]   (고객 중심 공식)

공식2 : 매출 = 판매 상품 수 × 상품 단가   (상품 중심 공식)

그런데 이 공식은 매출이란 결과를 판매자 입장에서 표현한 것이다. 그러다 보니 매출이 부진한 원인을 알기 어렵고, 매출을 활성화하기 위한 근본 대책 마련에도 곤란을 겪는다. 때문에 우리는 고객의 행동을 이해하고 주목해야 한다. 고객의 구매 결정 과정을 알면 매출이 일어나는 과정을 쉽게 이해할 수 있다.

어떤 욕구나 욕망에 의해 상품을 구매하려고 할 때문제 인식, 먼저 상품과 매장에 대한 정보를 탐색한다정보 탐색. 그리고 충분한 정보를 얻으면 적합한 매장을 선택하는데대안 평가 노출이 잘 된 매장일수록 선택 확률이 높을 것이다. 매장을 선택하고 나면 방문하여 구매를 하고구매, 나중에는 구매 결과에 대한 평가를 한다구매 후 행동.

이런 구매 행동 과정에 맞춰 판매자가 어떤 활동을 하느냐에 따라 매출이라는 영업 성과가 달라진다. 즉, 소비자의 구매 행동을 이해하지 못하는 매장은 자기중심적 활동을 전개하여 매출 부진에 허덕이게 되고, 소비자 입장에 맞춰 적합한 활동을 하는 매장은 매출 성과를 누리게 될 것이다. 그러므로 이 책에서는 철저하게 소비자의 구매 행동을 염두에 둘 것이다. 이게 이 매출 공식을 이해하는

---

01   객단가 (客單價) : 고객 한 사람이 사 가는 금액

핵심이기도 하다.

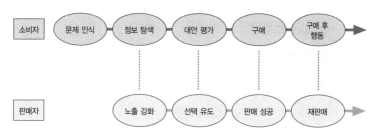

그림 1_ 상품 판매가 이루어지는 과정

앞에서 말했듯 매출 공식을 잘 이해하는 게 중요하다. 이 공식에 따라 우리 매장에서 어떤활동을 해야 하는지가 결정된다고 보면 된다. 매출에 영향을 주는 활동을 집중적으로 해내는 실행력이야말로 매출을 증대시키는 핵심 열쇠이기 때문이다.

판매력 :
작은 것이라도
반드시 파는 기술

　'오늘도 K 점장은 알람 소리에 자동으로 눈을 떴다. 피곤하여 일어나기 싫지만 어쩔 수 없이 눈을 비빈다. 새벽 공기를 마시면서도 머릿속은 뿌옇다. 출근하면 어제 실적 때문에 매장 분위기가 썰렁할 것이다. 점장이라고 해봐야 권위도 없고, 직원들 보는 앞에서 사장 잔소리를 견뎌야 한다고 생각하니 머리끝이 오싹해진다. 요즘 들어 부쩍 고객들의 발길이 뜸하다. 어제는 3년째 단골인 철수 엄마가 손에 사은품을 들고 경쟁 매장에서 나오는 걸 봤다. 애써 못 본척하고 말았지만 속이 타들어간다. 그런 데다가 직원들마저 속을 썩인다. 뭘 하자고 해도 잘 움직이지 않고, 다른 아이디어도 없으면서 매번 안 되는 이유나 대려고 한다.'

　점장들이 매일 아침 겪는 풍경이다. 이처럼 매장 영업을 하는 모든 경영자와 점장, 그리고 영업 사원들은 하루하루가 괴롭다. 특히 좀체 감을 잡을 수 없어 받는 매출 스트레스는 어마어마하다. 대략적으로라도 하루 매출을 어림할 수 있다면 스트레스를 받지 않을 뿐만 아니라 매장의 근무 분위기나 고객을 대하는 태도도 확 바뀔 것이다.

여기서 '하루의 매출을 어림할 수 있다는 것'은 무슨 뜻인가? 매출이 예견되는 어떤 조짐이 있거나, 그런 조짐이 일어나도록 특별 조치를 했다는 뜻이다. 매출은 결코 우연이 아니다. 잘 준비된 각본에 의해 일어난 결과이다. 이 책을 읽어나가면서 우리는 그 조짐에 대해 충분히 이해하게 될 것이며, 그 조짐이 일어나도록 사전에 어떤 조치를 해야 하는지 알게 될 것이다. 앞 장에 나온 매출 공식을 다시 살펴보자.

매출 = 구매 고객 수 × 객단가

사실 이 단순한 공식에는 모든 영업 비밀이 담겼지만 그 원리를 이해하기가 쉽지만은 않다. 공식을 해석하자면, 매출은 구매한 고객들의 수에 1인당 구매한 평균 금액을 곱한 것이다. 즉 몇 명의 고객들이 평균 얼마어치를 구매했느냐가 매출액이 된다. 따라서 1인당 구매 금액_{객단가}이 일정할 경우 구매 고객의 수를 늘리면 매출은 늘어난다. 또 구매 고객 수가 같다면 한 사람당 더 많은 금액을 구매하게 하면 매출액은 늘어난다. 여기까지가 우리가 흔히 아는 매출 공식이다.

"두 개의 변수가 매출을 좌우한다는 것은 알지만, 그래서 어떻게 하란 말이야?"

이 질문에는 지금껏 누구도 답을 알려주지 않았다. 사실 영업을 하는 사람들에게는 이것이 핵심이다. 무엇을 하란 것인지 속 시원히 말하자. 그것이 이 책이 의도하는 바이다. 매출 공식에서 우리가 눈여겨봐야 할 대목은 다음 두 가지이다.

① 사 가는 사람의 수를 늘리면 매출이 늘어난다.
② 사 가는 금액을 늘리면 매출이 늘어난다.

판매 성공률을 높이는 방법

먼저 '사 가는 사람의 수를 늘리는 방법'이다. 계약 과정을 거꾸로 분석하면 매출 공식을 이해하기 쉽다. 예를 들어 총 열 명의 고객이 제품을 구매했다고 하자. 그렇다면 열 명에게 판매하기 위해서 몇 명의 고객을 상담해야 했을까? 아마도 열 명 이상의 고객을 상담하였을 게 분명하다. 즉, 상담 고객은 구매 고객보다 최소한 같거나 많다(구매 고객 수≤상담 고객 수). 여기서 '판매 성공률'이라는 변수에 주목해야 한다.

판매 성공률은 구매 고객을 상담 고객 수로 나눈 비율이다(판매 성공률=구매 고객 수÷상담 고객 수×100). 즉, 상담한 고객들이 전부 구매를 했다면 판매 성공률은 1이 되고, 한 사람도 안 샀다면 판매 성공률은 0이 된다. 판매 성공률을 높이면 높일수록 구매 고객 수는 늘어나게 되니 결국 매출이 증가하는 것이다.

여기서 매출 공식 _매출=구매 고객 수×객단가_ 을 다시 보자. '구매 고객 수=상담 고객 수×판매 성공률'이므로 매출 공식을 다시 풀어보면 다음과 같이 변형된다.

$$\text{매출} = \text{상담 고객 수} \times \text{판매 성공률} \times \text{객단가}$$

이렇게 놓고 보니 매출을 높이려면 구매 고객 수를 늘려야 한다는 마연한 얘기가 '판매 성공률'을 높여야 한다는 구체적 사실로 변화되었다. 매출을 증대시키기 위해 우리는 '판매 성공률'을 높이는 구체적 방법을 찾아 집중하면 된다. 그 방법은 뒤에서 다룰 것이다.

> **tip**: 원리 1
> 매출을 늘리려면 '판매 성공률'을 높여라

상담력:
고객의 궁금증을
풀어주는 매장이 성공한다

앞 장에서 매출을 증대시키기 위해 구매 고객 수를 늘려야 하며, 그중에서도 핵심은 '판매 성공률'이라는 것을 알았다. 그런데 그것으로 모든 문제가 해결됐을까? 그렇지 않다. 판매 성공률을 높여서 매출을 증대시키는 데는 한계가 있다. 몇 해 전 국내 굴지의 가전 유통 회사를 방문한 적이 있다. 비서의 안내를 받아 사장실에 들어서는데, 눈에 확 띄는 곳에 다음과 같은 내용의 액자가 있었다.

'매출=(내방)객수×판매 성공률×객단가'

다른 회사 같으면 '고객 제일'이나 '고객 만족', '인재 제일', '기술 우위', '불량 제로' 등의 경영 이념이나 경영 방침을 걸어놨을 텐데

이 회사는 유통 회사답게 매우 현실적인 지침을 걸었던 것이다.

유통 회사라면 모든 직원이 매출 공식을 경영 방침처럼 기억하는 게 좋다. 그게 추상적인 경영 이념보다 훨씬 현실적 언어이기 때문이다. 매출 공식은 직원들이 해야 할 모든 행동을 고스란히 내포하고 있는 행동 지침이다. 숨은 뜻을 알고 보면 어떤 한자 숙어보다 더 함축적인 가이드가 된다. 그러나 CEO의 이런 숨은 의도를 직원들은 모르는 것 같아 아쉬웠다. 적어도 사장실에 매출 공식이 걸려 있을 정도라면 매장에서는 그것이 구현되어야 하고, 직원들의 행동이나 자세도 이에 걸맞아야 했다.

그러나 매장 직원들의 태도는 다른 유통 매장과 별반 차이가 없었다. 다른 게 있다면 판매 성공률에 대한 '결과 관리'를 한다는 것뿐이었다. 그 회사에서는 '타율'이라는 용어로 판매 성공률 관리를 했다. 다섯 명 상담해서 두 명 판매에 성공하면 타율은 4할이 되는 식이다. 그런데 이는 직원별로 상담 고객과 판매 성공 건수를 비교하여 그 결과인 판매 성공률을 관리하는 수준이었다. 내가 보기엔 습관적으로 하는 숫자 관리일 뿐, 그 이상도 그 이하도 아니었다.

가전 매장은 방문 고객이 생각보다 많지 않다. 매장에 따라 다르지만 일반적으로 하루에 30~50명 안팎이다(요즘엔 200명 이상 방문하는 매장도 있다). 이 정도 고객이 방문하면 일일이 기록하고 개인별로 판매 성공률을 관리하는 일이 가능하다. 일반적으로 가전 매장에서는 사원 1인당 판매 성공률이 60~80퍼센트 정도 된다. 문제는, 판매 성공률에 관심을 가지는 매장이라 하더라도 숫자를 맹목적으로 관리할 뿐이라면 매출 실적은 좀처럼 개선되지 않는다는 점이다. 오히려 판매 성공률이라는 숫자와 전쟁을 하고 있거나 이로 인한 스트레스에 힘들어하고 있을 것이 분명하다.

왜 그럴까? 이유는 한 가지다. 판매 성공률을 높이기 위한 조치를 취하지 않기 때문이다. 매출 원리를 좀 더 깊이 있게 이해했다면 분명 어떤 시도가 있어야 한다. 겉만 이해한다고 해서 문제가 해결되지는 않는다. 옛날에 왕비가 병이 들면 어의는 왕비의 팔목에 실을 묶어 맥을 짚었다고 하는데 그것과 다를 바가 무엇인가?

판매는 상담에서 시작된다

앞서 언급한 매출 공식을 다시 한 번 보자.

> 매출 = 상담 고객 수 × 판매 성공률 × 객단가

이 공식에서 매출을 늘리기 위한 변수는 '상담 고객 수, 판매 성공률, 객단가'이다. 앞 장에서 '구매 고객 수'의 다른 표현이 '상담 고객 수×판매 성공률'이라고 하였다. 여기서는 상담 고객 수에 주목해보자. 상담 고객 수란 매장을 방문한 고객 중 상담받은 고객을 얘기하는 것이다.

상담률＝상담 고객÷방문 고객×100

상담 고객＝방문 고객×상담률

이제 매출 공식을 달리 표현하면 이렇게도 표현할 수 있게 된다.

매출 = 방문 고객 수 × 상담률 × 판매 성공률 × 객단가

　상담은 영업 사원이 직접 고객을 응대하는 것만이 아니다. 확대 해석하면, 사람 이외의 간접 수단을 통해 고객 스스로 궁금증을 풀게 되는 것도 상담이라 할 수 있다. 무슨 말인가 하면, 직원 도움이 없어도 POP나 가격표 등을 통해 상품 정보를 입수함으로써 고객은 스스로 구매 결정을 할 수 있게 된다. 어떤 고객들은 매장을 방문하기 전에 어떤 제품을 구매할지 미리 결정을 하고 온다. 이런 고객은 상담 절차를 생략한 채 제품 진열대나 계산대로 바로 갈 것이다. 상품 속성에 따라 다르기는 하나, 이렇게 직원 상담 단계를 거치지 않고 구매에 이르는 경우는 예외로 치더라도 이 공식의 유효성은 충분하다.

　매장에 직원이 한 사람만 있을 경우를 가정해보자. 이 직원은 A 고객을 맞아 열심히 상담을 하고 있다. 때마침 B 고객이 매장을 방문한다. 직원은 B 고객에게 잠시만 기다려달라는 양해를 구하고 A 고객과 나머지 상담을 마칠 수밖에 없다. 이 상황에서 B 고객이 언제까지 직원을 기다릴 수 있을까? B 고객은 스스로 진열 상품을 둘러보거나, 아니면 이 매장을 떠나 다른 매장으로 가버릴지도 모른다. 만약 그런 상황에서 C 고객이라도 들어오면 더욱더 난감해진다.

이런 일은 실제로 자주 발생한다. 만약 직원 부족 상황이 거의 매일 발생한다면 이 매장은 직원을 한 명 더 채용해 제대로 된 상담 채비를 갖추어야 한다. 하지만 이런 일이 가끔씩 발생한다면, 직원을 채용하기보다는 고객 스스로 정보를 입수하여 구매 판단을 할 수 있도록 돕는 것이 더 효율적일 수도 있다. 잘 갖춰진 가격표나 제품의 특장점을 설명한 POP 등은 직원의 설명보다 효과가 적기는 하지만 때에 따라서는 직원 한 사람 몫을 충분히 수행할 수 있다.

이처럼 상담률은 고객이 궁금증을 해소하고 구매 판단에 이르게 만드는 지표다. 매장을 방문한 고객이 20명일 때, 그중 열 명은 직원이 상담하고 네 명은 가격표나 POP를 보고 충분한 정보를 입수했다면 상담률은 $(10+4) \div 20 \times 100 = 70$퍼센트가 된다. 상담률이 높아졌다는 것은 바꿔 말하면 상담 고객 수가 늘었다는 얘기이다. 상담 고객 수가 늘면 구매 고객 수가 늘며, 최종적으로는 매출이 증가한다.

고객이 매장을 방문하면 편안하게 충분한 상담을 받게 하자. 상담이 충분하면 매출도 늘어난다.

tip: 원리 2
매출을 늘리려면 '상담률'을 높여라

집객력 :
고객이 매장에 방문할 이유를 만들어야 한다

영업을 하는 입장에서 가장 신경 써야 할 부분은 고객들이 매장을 찾아오게 하는 일이다. 상품을 구매하러 오거나, 상품 정보를 입수하러 오거나, 매장의 시설을 이용하러 오거나, 이유를 막론하고 고객들의 매장 방문은 곧 상품 구매 가능성으로 이어진다. 그래서 고객들의 방문은 온-오프 On-Off 매장을 막론하고 매우 중요하다.

가전제품을 사용하다 보면 누구나 한 번쯤 어려움에 부딪힐 때가 있다. 부품의 손상이나 고장, 프로그램 에러 등으로 제품 사용이 어려워지면 가급적 빠른 수리를 필요로 한다. 다행히 서비스센터가 가까이 있으면 큰 어려움 없이 불편을 해소할 수 있다. 가전제품 매장 중에서도 서비스센터가 있는 매장과 없는 매장의 방문자 수는 현격하게 차이가 난다. 다시 말해 매출 차이가 매우 크다는 말이다.

백화점이나 할인 매장처럼 다양한 상품군을 갖춘 매장들이 푸드 존이나 문화시설을 갖추고 금융 기기를 유치하는 등 매장 복합화를 강화하고 있는데, 그것도 알고 보면 고객들의 방문을 늘리기 위한 방안이다. 요즘 유통의 최첨단에 있는 복합쇼핑몰은 '몰링malling 족' 이라는 신조어를 만들어낼 만큼 번창하고 있다. 고객들을 쇼핑몰로 끌어들여, 쇼핑은 물론이고 먹고, 입고, 즐기는 등 모든 것을 그 안에서 해결하도록 한다. 오락거리를 가미하여 가능한 한 고객을 충분히 붙잡아두려고 하는데, 이는 얼마나 많은 고객이 방문하느냐에 따라 매출이 좌지우지된다는 사실을 알기 때문이다.

더 많은 고객을 끌어들이기 위해 매장 안의 또 다른 매장인 '숍인 숍Shop in Shop'도 늘어가는 추세다. 가전 매장에 커피숍, 주유소 안에 편의점, 약국에 화장품 코너를 두는 식이다. 어떤 가전 매장에서는 야채 가게를 유치하기도 한다. 더 많은 편의를 제공함으로써 한 명이라도 더 많은 고객의 발길을 끌어들이고자 하는 것이다.

그 이유를 매출 공식으로 풀어보자.

매출 = 방문 고객 수 × 상담률 × 판매 성공률 × 객단가

방문 고객 수는 내 매장이 어디에 있는지를 알고 있는 사람들 중에서 매장을 방문한 사람 수이다.

방문율=매장 방문 고객 수÷매장을 알고 있는 고객 수×100

∴ 방문 고객 수=매장을 알고 있는 고객(인지 고객) 수×방문율.

그러므로 앞에서 설명한 매출 공식은 다음과 같이 표현할 수도 있다.

> 매출 = 인지 고객 수 × 방문율 × 상담률 × 판매 성공률 × 객단가

매장을 아는 사람만이 매장을 방문한다. 매장의 존재를 모르면 당연히 방문할 수 없다. 길을 가다가 우연히 들르는 것도 매장을 보고 인지했기 때문이다. 그래서 매장은 눈에 띄는 길목에 있어야 유리하다.

첫걸음 경쟁에서 밀리지 않는 법

최근 우리나라 커피숍을 보면 전성기를 맞이한 것 같다. 미국의 세계적 커피브랜드인 스타벅스가 이 땅에 들어와 기존 찻집들을 몰아내고 서구의 커피 문화를 유행시킨 게 엊그제 같은데, 이제는 프랜차이즈 업체만 해도 수십 개에 매장 수 증설 경쟁까지 붙어서 한 집 건너 한 집이 커피숍이다. 이렇게 치열한 경쟁 속에서 살

아남으려면 어떻게 해야 고객들을 매장으로 끌어들일 수 있는지 고민해야 한다. 비슷한 맛과 가격으로 경쟁하는 매장이 바로 인근에 있는데 유사한 서비스로 고객의 발길을 끌어들일 수 있을까? 쉽지 않을 건 뻔하다. 이웃 경쟁 매장과 차별화하는 방법은 무얼까? 같은 조건이라면 어떻게 해야 고객들이 우리 매장을 찾아올까?

고객들은 처음 방문한 매장에서 상품을 구매할 가능성이 매우 높다. 때문에 첫 발걸음을 우리 매장으로 돌리는 게 중요하다. 첫걸음 경쟁에서 지면 승패는 이미 갈린 것이다. 어떤 매장에서든, 일단 매장에 들어선 고객에게는 판매를 하기 위해 혼신을 다할 것이기 때문이다. 그물에 걸린 고기를 잡기는 쉽다. 문제는 고기가 그물에 들어오게 하는 것이다.

최근에 어떤 커피 브랜드 매장에서는 커피 한 잔 시켜 놓고 하루 종일 머무르는 고객들의 특성을 반영하여 아예 칸막이 책상을 들여 놓았다고 한다. 확실한 차별화 아이디어다. 물론 좌석 회전율이 매상으로 이어지는 커피숍에서 그 성과는 별도로 따져야 할 일이다.

가전 매장을 비교해보자. 가전 매장 유형을 보면 제조 회사 전속 매장과 양판점 형태가 있다. 제조 회사 전속 매장은 자사 제품만 취급하고 양판점은 여러 회사 제품을 취급한다. 전속 매장은 취급 상품의 다양성 측면에서는 뒤지지만 전문성이 높고, 양판점은 상품의 다양성이 장점이지만 브랜드 전문성이 낮다는 게 일반적인 평이다. 고객 입장에서는 브랜드 선호도에 따라 전속 매장이나 양판점을 선택할 것이다. 그런데 상품이 다양하고 주차장 같은 편의시설이 잘 갖추어진 양판점이 고객을 끌어들이는 데는 더 유리한 게 사실이다. 이런 태생적 한계를 극복하기 위해 전속 매장은 더 치열한 고객 유치 활동을 할 수밖에 없다.

최근 재래시장의 변신 시도는 눈물겹다. 막강한 자본력으로 무장한 대형 할인점이나 기업형 수퍼마켓SSM 과의 경쟁에서 살아남기 위해 몸부림치고 있다. 시장 상인회를 중심으로 한 환경개선사업, 아이디어의 공동사업화, 공동쿠폰 발행 등을 통해 기존의 낙후된 이미지를 개선하고 시장 고유의 친근감을 내세워 방문 고객을 늘리고 있다. 이는 고객 유치 활동의 좋은 사례이다.

이웃한 경쟁 매장을 제치고 고객이 우리 매장으로 첫걸음을 내딛도록 하라. 편의시설이 되었든 즐거운 이벤트가 되었든, 고객의 방문거리를 만들라. 그것이 매출을 늘리는 지름길이다.

tip:원리 3
매출을 늘리려면 '방문율'을 높여라

홍보력 :
고객이 우리 매장을
알고 있기는 한가

매장 영업은 영향력이 미치는 지리적 한계를 갖고 있다. 그것을 우리는 상권이라고 한다. 백화점이나 할인 매장은 매우 광범위한 지역까지 영향력을 미치지만, 일반적으로 동네 장사를 하는 매장의 상권은 반경 500미터 정도이며 넓게 잡아도 1킬로미터 이내이다. 그리고 이 상권에 거주하는 이들은 모두 잠재 고객이다. 생활환경이나 교통수단 발달 덕분에 상권을 초월해 경제활동을 하는 경우도 있지만, 여기서는 이해를 돕기 위해 해석 범위를 지리적 상권으로 좁힌다.

보통 반경 500미터 정도를 상권으로 보지만 편의점이나 커피숍처럼 훨씬 좁은 범위에서만 영향력을 미치는 업종도 많다. 어쨌든 이러한 상권 내의 고객들이 100퍼센트 우리 매장을 알고 있기는 한

걸까? 예를 들어 한 끼 식사용 라면을 사려면 대개 집 근처 편의점을 이용할 것이다. 그런데 집 앞 편의점을 놔두고 일부러 먼 곳까지 갈 사람이 있을까? 상식적으로 편의점이 집 근처에 있다는 걸 아는 사람은 그런 행동을 할 리가 없을 것이다. 하지만 편의점이 근처에 있는지 모른다면 충분히 그럴 수도 있지 않을까?

매장 영업을 하는 사람들이 신경 써야 하는 것은 지역 상권에 매장의 존재를 널리 알리는 일이다. 매장의 존재를 알리는 행위가 왜 중요할까? 고객이 상품을 구매하려 할 때 가장 먼저 떠오르는 매장을 선택할 확률이 높기 때문이다. 이것을 마케팅에서는 '최초 인지도'라고 한다. 많은 광고들이 고객들의 인지도를 높이기 위해 행해진다.

요즘 광고를 보면 브랜드나 상품, 서비스 광고는 흔한데 유통 광고는 흔하지 않다. 대형 유통 회사에 비해 중소 유통 회사들은 광고를 할 재정적 여력이 부족하다. 일회성 광고로는 고객들의 매장 인지도를 높이기에 역부족이고, 가장 먼저 떠올리는 매장이 되자니 쏟아부어야 할 광고 비용이 부담스럽다. 더구나 광고 효과도 늦게 나타난다. 그래서 유통 광고는 쉽지 않은 것 같다.

1부 _ 사람이 몰리는 매장의 여덟 가지 매출 공식

고객의 머릿속에
가장 먼저 떠오르는 매장

우리 주변엔 불황이 되어도 경기를 타지 않는 점포들이 있다. TV 방송에서 맛집으로 소개된 점포들이 그렇다. 그런 점포들은 오히려 불황일수록 더 명성을 떨친다고나 할까? 맛집은 당연히 다른 점포와 차별화된 뭔가가 있게 마련이다. 그리고 맛집으로 소개되면 고객들은 지역을 따지지 않고 찾아가게 된다. 지방 소도시에 있건, 산 속에 있건, 허름한 곳이든 가리지 않고 걸음을 옮긴다. 여기서 최근 우리가 주목해야 할 것은 SNS 소셜 네트워크 서비스 다. SNS는 시공간을 넘나들며 매장을 홍보하는 강력한 수단이다. 페이스북, 카카오스토리, 인스타그램 같은 SNS를 통해 입소문으로 뜨는 점포에는 확실하게 고객의 발길이 몰린다. 고객들에게 점포가 알려지는 것은 그만큼 중요하다.

고객들에게 매장을 알리는 것과 매출 간의 연관성을 매출 공식으로 설명해보자.

매출 = <u>인지 고객 수</u> × <u>방문율</u> × 상담률 × 판매 성공률 × 객단가

여기서 '인지 고객 수'라는 것은 상권 안에 있는 고객, 즉 잠재 고객들 중 매장을 알고 있는 고객 수이다. 이론적으로 잠재 고객 중 매장을 알고 있는 고객의 비율을 인지율로 표현할 수 있는데 이를 반

영하면 새로운 매출 공식을 만들 수 있다.

매출 = **잠재 고객 수 × 인지율** × 방문율 × 상담률 × 판매 성공률 × 객단가

　직장을 구하려는 사람은 이력서를 잘 작성하여 여기저기에 수십 통을 보내 본인을 홍보한다. 그렇게 해서 겨우 면접 기회를 얻게 되는데, 만약에 그런 일을 하지 않으면 누가 그 사람의 존재를 알고 채용하겠는가? 매장 홍보도 이와 같다. 상권 내에 매장을 널리널리 알리는 일이 매우 중요하다. 잠재 고객들이 상품을 구입하려 할 때 기억 속에 가장 먼저 떠오르는 매장이 되도록 하는 게 매출을 늘리는 출발점이다.

　이제 첫머리에서 언급한 단순한 매출 공식 매출=구매 고객 수×객단가 을 다음과 같이 표현할 수 있게 되었다.

매출=잠재 고객 수×인지율×방문율×상담률×판매 성공률×객단가

　이 마지막 공식이 의미하는 바를 자세히 알아보자.

　맨 첫번째 공식 매출=구매 고객 수×객단가 은 매출을 이해하는 수준에서는 적당하다. 다만 구매 고객이 많아지고 객단가가 높아지면 매출이 늘어난다는 것을 머리로 이해하는 데서 그칠 뿐, 구체적인 행동을 끌어내기에는 역부족이다. 무엇을 어떻게 하라는 내용이 없기 때문이다. 구체적인 행동 지침 없이 그저 구매 고객 수를 늘리고 구

매 금액을 높이라 해서는 현실감이 떨어진다. 이제 매출 공식을 새로이 해석해보면 다음과 같다.

"상권의 잠재 고객들이 우리 매장을 알게 하고(인지율), 방문토록 하며(방문율), 제대로 된 상담을 해서(상담률) 구매에 이르게 하는 활동(판매 성공률)이 매출을 결정한다"는 것을 알 수 있다. 결국 구매 고객 수를 늘리는 핵심 요소는 인지율, 방문율, 상담률, 판매 성공률이다. 이 핵심 지표들의 수준을 향상시키면 그것을 개선한 만큼 매출은 증가한다. 즉 판매 성공률을 10퍼센트 개선[02]하면 매출은 10퍼센트 올라간다. 그런데 핵심 지표 간의 관계는 덧셈 관계가 아니라 곱셈 관계이다. 어느 하나는 잘하고 다른 것을 소홀히 하면 그 효과가 상쇄된다.

예를 하나 들어보자. A 매장의 영향력이 미치는 상권에 1만 명의 고객이 있다. 이 매장의 개업 첫달 매출 실적은 5,000만 원이며, 평균 구매 고객은 240명, 평균 객단가는 20만 8,333원이다. 이 매장의 핵심 지표인 인지율, 방문율, 상담률, 판매 성공률은 각각 50퍼센트, 10퍼센트, 80퍼센트, 60퍼센트라고 한다면 다음과 같은 식이 성립된다.

5,000만 원=240명×20만 8,333원

5,000만 원=1만 명×0.5×0.1×0.8×0.6×20만 8,333원

---

02 10퍼센트 개선과 10퍼센트 포인트 개선은 다르다. 50퍼센트를 10퍼센트 개선하면 55퍼센트가 되고, 10퍼센트 포인트 개선하면 60퍼센트가 된다.

그런데 매장 홍보가 덜 되어 인지율이 이것보다 낮은 40퍼센트였다면 매출은 약 4,000만 원이 된다.1만 명×0.4×0.1×0.8×0.6×20만 8,333원 = 192명 × 20만 8,333원 = 3,999만원

또한 방문율을 10퍼센트 포인트 개선하면 매출은 약 1억 원이 된다.1만 명×0.5×0.2×0.8×0.6×20만 8,333원 = 9,999만 9,840원

이처럼 핵심 지표의 강화는 매출 증대에 중요한 영향을 미치게 된다. 핵심 지표 중 어느 하나가 극단적으로 0퍼센트가 되면 매출은 0원이 된다.

지금까지의 매출 공식을 소비자 구매 행동에 대입해보면 아래와 같은 그림으로 표시할 수 있다. 즉 매장의 노출을 강화하여 인지율을 높이면 정보 탐색 단계에서 유리해지고, 방문율을 높이는 활동이 활발하면 매장의 선택 가능성이 올라간다. 그리고 상담률과 판매 성공률을 높이는 활동이 구매를 결정짓는 데 도움이 될 것이다.

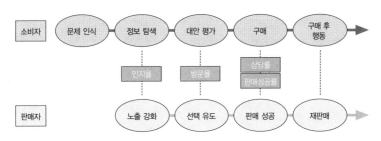

그림 2_ 상품 판매 과정에서 핵심 지표의 위치

현실적으로 위의 핵심 지표들은 측정하기 어렵다. 때문에 매장을 책임지고 있는 점장은 상담률, 판매 성공률처럼 매장에서 쉽게 개

선할 수 있는 활동에 주목할 필요가 있다. 또한 단순히 숫자 자체를 주목하기보다 원리를 이해하고 구체적인 방법을 찾아 꾸준히 지표를 개선해야 한다. 이 공식의 의미는 매출을 구성하는 핵심 지표들을 통해 매출 원리를 이해하고 그 핵심 지표를 개선함으로써 매출을 증대시키는 데 있다. 한편, 해를 거듭할수록 기존 구매했던 고객들의 반복 구매 비중이 높아지고 있다. 이처럼 또 다른 매출 변수들도 있음을 알아야 한다.

— tip: 원리 4

매출을 늘리려면 '매장 인지율'을 높여라

재구매력 :
고객은 언제든
떠날 준비가 되어 있다

매출을 이해하기 위해서 고객 유형별로도 고민해 볼 필요가 있다. '매출=구매 고객 수×객단가'로 나타내는 공식에서 구매 고객은 신규 구매 고객과 기존 구매 고객으로 이루어진다. 그러므로 다음과 같이 표현할 수도 있다.

매출 = (신규 구매 고객 수 + 기존 구매 고객 수) × 객단가

업종마다 다르기는 하지만, 영업을 잘하는 매장을 보면 보통 신규 고객과 기존 고객의 비중이 3:7 혹은 4:6 정도이다. 신규 고객보다 기존 고객의 비중이 훨씬 높다. 기존 고객을 중요시해야 할 이유다.

기존 고객의 행동 과정은 신규 고객과는 다르게 이해해야 한다. 이미 매장에서 상품 구매를 해본 고객들은 신규 고객과는 다른 행동 과정을 거치기 때문이다. 소비자들은 매장에서 겪은 일을 기억 속에 보관하고 있다가 상품 구매 시 그 기억을 끄집어낸다. 좋은 기억이 강하면 그 매장을 쉽게 찾을 테지만, 나쁜 기억이 강하다면 다시는 찾지 않을 것이다. 이처럼 매장에 대한 기억의 좋고 나쁜 정도를 매장에 대한 만족도라고 할 수 있는데, 만족도가 높을수록 다시 매장을 찾을 확률이 높다.

구매하는 과정을 보면 고객의 기억 속에 담을 만한 수많은 순간들이 존재한다.

- 매장은 쉽게 찾을 수 있는가? 찾기 어려운가?
- 매장으로 오는 길은 편리한가? 복잡한가?
- 주차하기가 쉬운가? 어려운가?
- 매장에 들어설 때 반갑게 맞아주는가? 무시하는가?
- 상품을 찾기가 쉬운가? 어려운가?
- 직원이 친절하게 상담해주는가? 기계적으로 응대하는가?
- 매장이 지저분한가? 깔끔하게 정리 정돈되었는가?
- 상품은 충분하여 바로 구매할 수 있는가? 며칠 기다려야 하는가?
- 가격은 적당하다고 느꼈는가? 비싸다고 느꼈는가?
- 결제하는 데 신속하였는가? 오래 걸렸는가?
- 배송은 빠른가? 늦은가?
- 상품 구입 혜택이 있는가? 없는가?

이 외에도 셀 수 없이 많은 판단의 순간들, 즉 고객 접점 MOT[03]가 있다. 고객들은 모든 과정 하나하나, 매 순간마다 매장에 대한 판단을 하게 된다.

예를 들어 주차하기가 무척 불편할 때 고객은 아예 다른 매장으로 가버릴까 하는 생각을 하게 된다. 그러나 매장 문을 들어설 때 직원들이 밝게 웃어주고, 주차 공간이 부족한 점에 대해 미안해하면 마음이 누그러진다. 상담 직원이 제품에 대해 해박하고 어떻게든 도와주려는 태도를 보며 마음을 빼앗겼다가도 가격 때문에 포기할 수도 있다. 구매를 잘하고 집에 왔다가도 배송 문제로 불만이 생겨 다음부터 그 매장을 안 찾는 경우도 생긴다. 이처럼 매 결단의 순간마다 고객들은 매장을 평가하게 되는데, 이런 순간들이 쌓여 그 매장에 대한 이미지가 최종적으로 결정된다.

- 매우 만족했으니 다음에도 그 매장에 또 가야겠다.
- 대체적으로 만족스럽다. 그러므로 웬만하면 그 매장을 다시 이용하겠다.
- 뭐 그저 그렇다. 필요하면 가겠지만 다른 매장도 가볼까 한다.
- 그 매장 별로다. 특별히 좋은 조건 아니면 안 가려고 한다.
- 아주 맘에 안 든다. 다시는 가지 않겠다.

---

03   MOT (Moment of truth) : 진실의 순간이라고 한다. 원래는 투우장에서 투우사가 마지막 일격으로 소의 숨통을 끊는 것을 의미한다. 스칸디나비아 항공에서 고객 서비스의 질을 높이는 혁신의 일환으로 마케팅에서도 사용하게 되었다. 즉 고객 접점의 순간순간이 다 중요하다는 뜻이다.

당신의 매장은 고객들로부터 지금 어떤 평가를 받고 있으며, 향후에 어떤 평가를 받고 싶은가?

신규 고객보다 기존 고객이 더 가치 있다

우리가 또 하나 알아야 할 게 있다. 사랑은 움직이는 거라고 하는데, 고객들의 마음도 마찬가지다. 고객들은 마음에 안 들면 언제든지 떠날 준비가 되어 있다는 점을 명심하자. 요즘처럼 경쟁이 심한 상황에서 고객들에게 선택의 기회는 무궁무진하다. 조금이라도 유리한 곳이 있으면 즉시 다른 매장을 이용하려 든다. 그러니 지금 구매하는 과정도 중요하지만 구매하고 나서도 우리 매장을 다시 찾도록 해야 한다. 다시 말해 고객과 인연의 끈을 계속 이어가야 한다. 고객이 우리 매장에 소속감을 느끼게 하거나 계속해서 관심 갖고 있다는 사실을 알려주는 것이야말로 움직이는 고객의 마음을 붙잡아두는 방법이다.

그렇다면 한 번 구매한 고객을 왜 이처럼 중요시해야 하는 걸까? 연구 결과에 따르면 새로운 고객을 한 명 얻는 것보다, 기존 고객을 잘 관리함으로써 얻는 이익이 훨씬 크다고 한다. 다시 말해 기존 고객을 잘 관리하면 매장은 비용을 훨씬 적게 들이면서 이익은 많이 얻을 수 있다. 예를 들어 새로운 고객을 얻기 위해 매장은 여러 가지 홍보, 판촉 활동을 한다. 이때 작은 사은품이라도 준비하려면 비용이 꽤 소요되는데, 기존 고객들에게는 굳이 홍보 활동을 할 필요가 없으므로 판촉 비용도 많이 들지 않는다. 이익 측면에서 보더라도 고객과 한번 좋은 관계를 맺으면 그 고객으로부터 지속적인 구매를 이끌어낼 수 있다. 즉, 고객의 가치는 지금 구매하는 금액이 전부가 아니라 그 사람의 평생 가치에 의해 결정된다. 이처럼 신규 고객이 '만족스럽게 구매를 하고 나면'[04] '지속적인 관계를 유지함으로써'[05] 반복적으로 구매하도록 하는 것이 중요하다.

― tip: 원리 5
매출을 늘리려면 '재구매율'을 높여라

---

04   CS : 고객 만족(Customer Satisfaction)

05   CRM : 고객 관계 관리 (Customer Relationship Management)

입소문력 :
단골 고객이
신규 고객을 만든다

　　매장 영업을 하다 보면 수많은 사람들이 매장과 인연을 맺게 된다. 상품을 구매하는 사람, 사지는 않지만 정보를 얻으려고 오는 사람, 서비스 문제로 오는 사람, 불만을 해결하러 오는 사람, 기타 다른 용무로 들르는 사람 등 날마다 다양한 사람들이 방문을 한다. 대부분은 용무(문제 해결)만 보고 나서 일시적으로 관계가 중단되는, 반면에 지속적으로 매장과 관계를 유지하는 사람들이 있다. 바로 단골들이다.

　　단골 고객은 어떻게 탄생할까? 예전에 점장으로 있을 때 일이다. A 고객은 우리 매장에 프린터를 구입하러 온 중년 여성이었다. 매장에는 고객을 위한 음료와 건강 측정 기구들을 갖추어놓아서, 상담 중에 자연스럽게 차를 마시고 신체 치수 및 혈압 등을 측정할 수 있었다. 예상치 못한 몸무게에 웃음을 터트리고, 혈압 수치에 약간 고민을 하기도 하였다. 그리고 상품 판매도 이루어졌다. 며칠 지나지 않아 A 고객이 다시 매장을 찾아왔다. 이번에는 지나던 길에 들렀다고 했다. 이렇게 일주일에 한두 번은 꼭 매장에 들러 차를 마시고 가곤 했다. 직원들 사이에서도 A 고객은 자연스럽게 친근한 이웃이 되었다.

그러던 중 한번은 가전제품을 구입하려는 지인을 데리고 찾아왔다. 그럭저럭 6개월이 지난 뒤, A 고객 소개로 상품을 구입한 고객 리스트를 보게 되었다. 자그마치 여덟 명이나 되었다. 자녀 결혼한다는 친구, 이사한다는 이웃, 제품이 고장난 사람들이 함께 와서 차를 마시며 수다를 떨다가 상품을 구입한 것이다. 매장은 A 고객의 사랑방이었다. 우리 직원들의 노력보다는 순전히 A 고객의 힘으로 많은 고객을 확보할 수 있었다.

이 경우 A는 스스로 매장의 단골 고객이 되었다. 매장의 좋은 이미지가 A로 하여금 인연의 끈을 계속 이어가게 만들었다. 이렇게 자발적으로 단골이 되는 일은, 직원과 신뢰가 형성될 때 이루어지기도 한다. 대개 직원 개인에 대한 신뢰는 단골 고객 확보에 큰 역할을 한다.

매출을 살리고 죽이는
입소문의 힘

어느 날 소비자보호원에서 연락이 왔다. 판촉 행사 시 전시 제품 처분에 관해 B 고객의 불만이 접수됐다는 얘기였다. 전시 제품은 기능에 아무 문제가 없지만, 신제품이 나올 때 교체를 하는 등 다른 이유로 저가에 처분한다. 매력적인 가격 때문에 평소에도 전시 제품 처분을 기다리는 고객들이 있다. B 고객도 전시 제품 처분 소식을 접하고 행사 첫날 문 앞에서 영업 개시만 기다렸다. 그런데 한걸음에 달려가 보니 이미 판매가 되었다. 알고 보니 직원이 먼저 구입해버린 것이다. 행사 첫날 가장 먼저 입장하였는데 밤사이에 판매가 되었다니, 고객으로서는 당연히 분통 터질 노릇이다.

나는 점장으로서 무거운 책임을 느끼고 여러 방면으로 수소문하여 가까스로 B 고객을 찾아냈다. 깔끔하게 양복으로 갈아입은 후 예쁜 꽃바구니와 케이크를 사 들고 조심스레 B 고객을 방문하였다. 당황하는 B 고객을 먼저 안심시키고 정중하게 사과하였다. 처음엔 주저하던 고객도 진심으로 사과를 거듭하자 진정성을 받아들였다. 며칠 후 B 고객이 매장을 방문하여 혼수품 일체를 구입하였다. 그리고 나중에는 부모님과 함께 계속해서 거래를 이어나갔다.

B 고객은 매장에 대한 불만이 만족스럽게 해결되면서 단골이 된 사례이다. 사실 불만 고객을 단골로 만들기는 매우 어렵다. 그래도 불만 고객에 대처하는 일은 매우 중요하다. 왜냐하면 불만 고객이

입소문을 통해 미치는 영향력 때문이다. 고객들은 대개 직접적으로 매장에 불만을 제기하지 않는다. 그 매장을 이용하지도 않게 되는 건 물론이고, 더 나아가 매장에 대한 불만을 다른 사람에게 소문낸다. 연구 자료에 의하면[06] 불만 고객의 특징은 다음과 같다고 한다.

- 불만 고객의 4퍼센트만이 매장에 불평을 한다.
- 불만을 제기하지 않은 고객의 재구매율은 9퍼센트이다.
- 불만 고객은 문제가 해결되지 않으면 90퍼센트가 그 매장과 거래하지 않는다.
- 불만 고객은 평균 8~10명에게 안 좋은 소문을 낸다.
- 불만이 있든 없든 고객의 25퍼센트는 더 좋은 매장이 있으면 바꾼다.
- 문제를 해결한 불만 고객의 재구매율은 70퍼센트이고, 신속히 해결된 경우는 82퍼센트 이상이다. 그중 54퍼센트는 우수 고객이 된다.

매장에는 많든 적든 단골이 있게 마련이다. 장사를 잘하는 매장은 단골이 많을 것이고, 장사가 신통치 않은 매장은 단골이 적을 것이다. 단골 고객은 매장의 좋은 이미지 덕분에 생기기도 하고, 고객의 불만을 제대로 처리함으로써 생기기도 한다. 즉 매장에 고객을 끌어당기는 힘이 있거나, 어떤 활동을 통해 기존 고객과의 관계를 지속하고 강화해나감으로써 단골 고객을 만들 수 있다. 그리고 이

---

06   TARP의 굿맨의 법칙 : TARP(Technical Assistance Research Programs)사의 '미국에서의 소비자 불평 처리' 조사.

는 곧 매출에 영향을 준다. 단골 고객을 많이 만들라. 그러면 고객 스스로 입소문을 낼 것이다. 그리고 그 입소문은 기적처럼 새로운 고객을 만들어낸다.

이쯤에서 매출 공식을 다시 소비자 구매 행동에 대입시켜보자. 그러면 아래와 같은 그림으로 나타낼 수 있다. 신규 고객과 기존 고객의 구매 행동 절차는 다르기 때문에 매장의 활동 또한 여기에 맞춰야 한다.

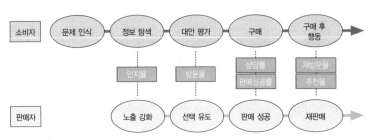

그림 3_ 상품 판매 과정에서 핵심 지표의 위치2

tip: 원리 6

신규 고객 수를 늘리려면 단골 고객의 추천율을 높여라

고객화력 :
질문을 하나 더 하면
매출이 늘어난다

어떤 사람도 장래의 일을 확신할 수 없다. 영업하는 사람으로서 가장 힘든 일은 내일 매출이 얼마나 될지 모른다는 것이다. 앞일을 모를 때는 불안감이 엄습한다. 매일 불안을 안고서 하루를 맞아야 한다면 얼마나 큰 스트레스일까? 스트레스를 받지 않기 위해서는 불안감을 해소하기 위해 끊임없이 노력할 수밖에 없다.

가망 고객을 발굴하는 일은 미래 매출에 대한 불안감을 해소하는 데 좋은 방법이다. 가망 고객은, 지금 당장은 아니어도 조만간 상품을 구매할 가능성이 있는 잠재 고객이다. 이들은 돈이 모자라거나 구입 시기가 오지 않았거나 혹은 상품이 아직 출시되지 않아서 당장 결정을 하지 못할 뿐, 여건이 맞으면 구매할 가능성이 높은 사람들이다. 이런 가망 고객을 알고 있으면 매출을 대략이나마 추측할 수 있게 된다. 가망 고객들을 매장으로 유도할 수만 있다면 매출에 대한 불안감도 그만큼 해소되는 것이다. 개인의 건강을 위해서나 성과를 위해서나, 가망 고객을 많이 확보해둘 일이다.

영업장에는 월말이 가까워지면 터질듯한 긴장이 감돈다. 매출 목표 때문이다. 영업 회의도 자주 하게 되는데, 회의 때마다 묻고 또 물으면 매번 달성하겠다는 숫자가 달라진다. 매출을 예상할 수 없는 상태에서는 질문하는 사람이나 대답하는 사람이나 모르긴 마찬가지다. 회의를 자주 하는 것은 매출을 더 늘리기 위해서가 아니다. 그보다는 갑갑하기 때문이며, 한편으로는 열심히 노력하고 있다는 걸 과시하는 행위이다.

1등 영업 사원의 비밀 병기

점장으로 근무할 때의 일이다. 그날도 월말 마감일을 며칠 앞두고 매출 회의를 했다. 매출이 부진한 탓에 회의 분위기는 자못 엄숙하고 긴장감이 팽배했다. 시간이 흘러도 별 뾰족한 수가 없다는 것을 모두 알고 있었다. 평소대로 회의에 참석한 사람들은 한 명씩 돌아가면서 마감 예상을 했다. 월초에는 예상 매출을 넉넉하게 잡지만 대개 월말에는 축소하기 마련이다. 그래야 틀릴 확률이 적기 때문이다. 그런데 영업 사원 한 명이 마감 금액을 공격적으로 보고하였다. 예상보다 높은 숫자에 오히려 내가 더 당황스러웠다. 그 숫자를 믿을 수 없어서 힐난하듯 근거를 말해보라고 했더니 주머니에서 수첩 하나를 꺼내 펼쳐 보인다. 수첩엔 깨알 같은 글씨로 고객들의 인적 사항과 상담했던 내역, 구매 예상일과 예상 금액이 적혀 있었다. 그걸 보고서도 미심쩍기는 마찬가지였다. 회의가 끝나자마자 그 직원은 부지런히 고객과 통화를 했다. 모든 실적을 마감하고 결과를 보니, 놀랍게도 그 영업 사원은 보고한 숫자에 근접한 매출을 올렸다. 불과 며칠 전 불가능하다고 믿은 사람들 모두에게 보란 듯이 해낸 것이다. 그 후에도 그는 매번 매출 목표를 달성했고, 영업 실적은 항상 선두였다.

비밀은 수첩에 있었다. 그는 고객들을 상담할 때 다른 직원들처럼 평범하게 대화를 한다. 다만 대화 중간에 고객에게 필요한 것은 없는지 한마디 더 건넨다고 한다. 예를 들어 4~5월에 가전제품을 사러 온 고객이 있다면 한여름 제품인 에어컨에 대해서 질문을 한다. "작년에 에어컨은 잘 사용하셨습니까?"라고 은근슬쩍 묻는다. 그러면 고객은 당장 에어컨을 사라는 권유가 아니므로 "네, 시원하게 잘 사용했어요"라든지, 아니면 "아유, 바람이 시원찮아 고생했어요"라는 식으로 반응한다. 이처럼 고객에게 부담을 주지 않으면서 의중을 끄집어낼 수 있는 질문 몇 개를 준비해두고, 상황에 맞게 잘 활용했다. 그때의 대화 내용을 적어놓은 게 수첩이고 그게 매출 비법이었다. 영업을 잘하는 비밀 수첩은 그렇게 만들어진 것이다.

우리는 매일 제한된 숫자의 고객을 대상으로 영업을 하게 된다. 매장을 방문하는 고객 수에 따라서 영업이 활기를 띠기도 하고, 빈둥거리며 시간을 보내기도 한다. 매장을 찾는 고객을 늘려야 매출이 늘어나는데, 대개 수동적 자세로 고객을 기다리고 있다. 이렇게 기다리는 영업은 바람직하지가 않다. 고객 입장에서 보면 동일한 제품, 동일한 조건으로 영업을 하는 매장들이 도처에 깔렸기 때문이다. 어디를 가든 문제를 해결할 수 있는데 굳이 특정 매장만을 고집할 필요가 없다. 그러므로 매장이나 영업 사원 스스로가 가망 고객을 발굴하는 데 적극적이어야 한다. 내 매장을 찾아오도록 적극적으로 나서서 유도하지 않으면 고객은 너무나 쉽게 다른 매장으로 간다는 것을 알아야 한다.

일단 매장을 방문하면 내 고객으로 확보할 수 있는 절호의 기회다. 상담하거나 안내를 하는 것 외에도 질문을 하나 더 준비하자. 질문을 하나 더 하면 판매 가능성은 훨씬 더 높아진다.

— tip: 원리 7
매출을 늘리려면 가망 고객을 확보하라

업셀링력 :

누구나 고급 제품을
사고 싶어 한다

매출=구매 고객 수×객단가

매출을 늘리기 위해서는 ①사 가는 고객의 수를 늘리는 방법과
②한 사람이 사 가는 금액, 즉 객단가를 높이는 방법이 있다. 고객의
수를 늘리는 방법은 앞에서 설명하였다. 이번에는 객단가를 높이는
방법에 대해 알아보자.

고객이 매장을 방문한다. 이때 고객이 사려고 하는 상품만 파는
사람은 영업의 하수이다. 고객이 묻는 말에만 대답하고 먼저 질문
하지 않으며, 상담을 후다닥 마무리하려고 한다. 자신이 없으니 영
업이 매우 수동적이다. 그러나 영업의 고수는 고객을 당당하게 리
드한다. 대화 내용이 다양하며, 이것저것 사소한 질문을 하면서 고

객의 반응을 본다. 고객의 말 한마디나 동작 하나도 놓치지 않는다. 그리고 고객이 원하는 것, 필요로 하는 것을 신기하게도 잘 짚어낸다. 영업의 고수 중에서도 최상은 고객에게 새로운 생활을 제안하는 사람이다. 생각지 않았던 제안을 통해 새롭고 격조 있는 생활을 기대하게 될 때, 고객은 자연스럽게 지갑을 여는 것이다.

매출을 높이고 싶은 사람은 이런 제안 영업을 할 줄 알아야 한다. 흔히 상품을 진열할 때 고급 제품 주변에 중저가 제품을 같이 진열한다. 고가 제품이 돋보이게 하는 수법이다. 고객은 비교하고 평가하면서 좀 더 멋진 디자인과 고급 기능을 가진 제품에 눈길을 주기 마련이다. 빛깔 좋은 과일이 더 맛있어 보이는 것과 같은 이치다. 이렇게 고객이 본래 사려고 했던 상품보다 한 단계 더 수준 높은 상품을 구매하도록 유도하면 그 차액만큼 매출 증대 효과가 난다. 이것을 '업셀링 Up Selling '이라고 한다.

햄버거 가게에서 햄버거를 주문하거나 영화관에서 팝콘을 주문하면 종업원이 음료수는 필요 없냐고 물어본다. 또 마트에서는 맥주에 오징어나 땅콩을 끼워 팔고, 옷가게에서 스카프나 구두, 벨트, 지갑 등을 함께 판다. 자연스럽게 추가 구매를 유도하는데, 이처럼 연관 상품을 묶어서 판매하는 것을 '크로스셀링 Cross Selling '이라고 한다. 경험이 오래된 영업 고수들일수록 판매 기법이 다양하고 노하우가 풍부하다. 업셀링과 크로스셀링이 자연스럽게 몸에 배어 있다.

영업의 고수는
조바심을 내지 않는다

TV 영업을 담당하는 K는 2년 만에 판매왕 자리에까지 올랐다. 그는 고급 제품을 잘 팔기로 소문이 났는데, 겉보기에는 다른 영업 사원이나 별반 다를 게 없었다. 그러나 그는 고객이 왔을 때 판매에 실패하는 경우가 거의 없었다. 여기에는 그만의 특별한 노하우가 있었다.

보통 영업 사원은 고객이 원하는 상품 위주로 상담을 한다. 그리고 제발 이것저것 묻지 말고 얼른 구매하기를 바란다. 이런 조바심이 새로운 시도나 변화를 방해한다. 그런데 K는 달랐다. 그는 서두르지 않고 고객이 원하는 상품보다 한 등급 높은 제품부터 설명을 시작한다. 이 고급스런 제품의 다양한 기능과 특장점을 설명하고 나면 다음엔 고객이 처음 얘기했던 제품에 대해 설명한다. 고객은 방금 전에 들은 고급 기능과 특장점을 기억하여 비교하게 되는데, 많은 사람들이 고급 제품을 선택하더라는 것이다.

이처럼 단순히 어떤 제품을 먼저 설명하느냐에 따라서도 매출이 달라질 수 있다. 영업에 임하는 자세를 바꾸면 결과도 크게 달라진다. 판매하는 데만 급급해서는 발전이 없다.

고객 한 사람당 구매 금액을 늘리기 위해서는 다양한 노력이 필요하다. 우선 매장의 제품 진열이나 디스플레이에도 신경 써야 한다. 예를 들어 밥통, 믹서, 프라이팬 같은 주방용품은 유사한 상품

군이므로 같이 모아 진열해야 하고, 청소기와 먼지봉투, 세탁기와 호스, 프린터와 토너, 복사용지처럼 연관성이 깊은 상품은 같은 진열대에 두면 판매에 유리하다. 휴대폰 매장에서 다양한 액세서리를 구비해두는 것도 비슷한 이유이다. 또한 인기 있는 제품은 충분한 재고를 보유해야 한다. 자주 찾는 인기 제품은 특별한 설명 없이도 판매가 가능한데, 재고를 확보하지 못하면 그만큼 판매 기회를 잃게 된다. 20:80 법칙에 따르면 상위 20퍼센트에 해당하는 상품이 전체 매출의 80퍼센트를 책임진다. 그러니 이런 제품은 충분한 재고를 확보해서 매출 기회를 잡아야 한다.

할인 매장은 제품 특성에 따른 군집 진열이 매우 잘 되어 있다. 편의점은 상품 배치의 좋은 본보기이다. 좁은 공간에 다양한 제품을 진열하다 보니 공간 효율을 극대화하도록 설계하였다. 어찌 보면 한 사람의 고객도 놓치지 않고, 한 사람의 쇼핑백에 상품을 하나라도 더 담기 위한 노력의 결과가 아닐까?

매장을 방문하는 고객 수는 한정되어 있다. 그러니 매출을 늘리기 위해서는 고객 한 사람 한 사람의 구매 금액(객단가)을 늘리는 수밖에 없다. 객단가를 높이기 위한 방법을 찾으라. 조금만 머리를 쓰면 매출이 눈에 띄게 증가한다.

— tip : 원리 8
매출을 늘리려면 '고객 한 사람이 사 가는 금액'을 늘려라

숫자로 말할 줄 알아야 한다

점장이 되려면 숫자 감각이 있어야 한다. 수치를 기억하는 능력은 개인에 따라 다르다. 그럼에도 불구하고 수치를 잘 기억한다는 것은 매출에 관심을 가졌다는 반증이 된다. 이는 객관적인 시각으로 시장 상황을 본다는 증거이기도 하다. 거듭 말했다시피, 매출은 구매 고객 수와 객단가로 이루어진다. 따라서 매출을 늘리려면 이수치들을 올릴 수 있는 방안을 찾아야 한다. 상품의 판매 개수와 상품 단가를 올리는 것도 동일한 개념이다.

이제 매출을 늘리고 싶으면 수치와 친해지라고 권유하고 싶다. 영업 실적은 수치로 표현된다. 모든 영업 자료에 나타난 수치가 곧 영업 실적을 말하는 공통 언어다. 그러므로 모든 행동의 결과는 숫자로 보고, 숫자로 말할 줄 알아야 한다. 수치를 보라는 말은 수치가 내포하고 있는 뜻을 간파하라는 말이다. 수치 속에 담긴 시장의 추세를 읽고 상황을 판단하라는 말이다. 이런 자료를 볼 줄 안다는 것은, 다시 말해 부진 원인을 명확히 가려내고 대책을 수립할 수 있다는 의미다. 그러므로 숫자 감각은 점장에게 매우 중요한 능력이다.

예를 들어 품목별 매출 비중 자료가 있다고 하자. 숫자의 나열인 이런 기초 자료를 보고 무슨 생각을 할 수 있을까? 만약 상위 20퍼센트에 해당하는 품목들이 매출의 80퍼센트를 차지한다는 20:80 원리를 아는 점장이라면 접근 방법이 있을지도 모르겠다. 그는 아마도 자료에서 상위 20퍼센트 품목을 선별할 것이다. 그리고 그 품목에 판매력을 집중하기 위해 진열 위치를 바꾸고, POP를 점검하고, 충분한 상품 확보 대책을 마련할 것이다. 또한 판매가 부진한 품목의 재고량을 파악하고 조기 처리를 위한 대책까지 세우게 될 것이다.

어떤 이들은 말만 번지르르하고 감으로만 영업하려고 한다. 말로 먹고사는 것이다. 그런 점장들이 하는 말은 대부분 다른 사람의 경험을 귀동냥으로 들은 것이다. 설혹 경험한 일이라 하더라도 오랜 시간이 지나 지금 상황과는 맞지 않을 수 있다. 적어도 영업에 몸담고 있는 사람이라면 감으로 얘기해서는 안 된다. 감각에만 의존해서는 명확한 영업 대책을 세울 수 없다. 매장을 운영하려면 숫자 감각이 있어야 하고, 숫자에 예민해야 한다.

매장 영업을 고민하는 출발점

무엇보다 핵심은 연간 판촉 계획에 따라 자연스럽게 매장을 운영하는 것이다. 대부분의 매장에서 판촉을 어려워하는데, 막상 실행해보면 의외로 쉽다는 것을 알게 된다. 판촉은 직원들의 아이디어를 표출하는 창구가 되고, 종합적인 고객 응대 훈련의 장이 된다. 지역의 축제이자 만남의 장이며, 고객의 의견을 직접 들을 수 있는 기회이기도 하다. 이처럼 여러 측면에서 볼 때 매장 영업에 도움 되는 것이 판촉이다.

시황에 영향을 받지 않고 안정적인 매장 영업을 하려거든 연간 판촉 계획을 꼭 세워보자. 연간 판촉 계획이 있으면 매장이 역동적으로 움직일 뿐 아니라, 시장의 변화에 적절히 대처할 수 있다. 또한 비용 규모를 파악할 수도 있어서 매출 목표 수립뿐만 아니라 예산 수립에도 효과적이다.

연간 판촉 계획, 즉 매장의 판촉 캘린더를 만들 때는 지역 특성을 꼭 반영하라. 지역 축제나 특별 이슈가 있을 경우 이와 연계한 판촉 계획을 수립하면 좋다. 이렇게 하면 그동안 무관심했던 지역의 활동이나 시장 상황을 관찰하는 능력이 생기게 된다. 시장을 제대로 파악함으로써 매장의 대응력이 강화되는 것이다. 판촉 캘린더에는 전국적인 행사나 이벤트, 지역 이슈, 계절 이슈, 매장 자체 이슈 등을 포괄적으로 담아야 한다. 이것을 바탕으로 하여 각 이슈에 부합하는 품목을 선정하고, 집중 공략 방안을 만든다. 이렇게 해서 연간 판촉 캘린더의 틀이 완성되면 반드시 직원들과 공유하라. 판촉은 모든 직원이 한마음으로 움직여야 성공할 수 있기 때문이다.

판촉 캘린더 작성은 매장 영업을 고민하는 출발점이다. 판촉 캘린더를 보면서 다음 달을 미리 고민하라. 남보다 앞서는 영업이 시작될 것이다. 아래를 참조하여 우리 매장의 판촉 캘린더를 만들어보자. 처음엔 머리가 아프겠지만 완성해놓고 보면 앞날이 환해짐을 느낄 것이다.

이슈	1월	2월	3월	4월	5월	6월
주요 이슈	신년	설날 졸업	입학 황사	혼수 이사	가정의달	보훈의달
지역 이슈		척사대회 00고교 졸업	취업박람회	산수유 축제	문화 예술제	OOO아파트 입주
매장 이슈		신제품 진열	개업 3주년			신제품 진열
집중 품목	TV, 세탁기	PC, 모바일, 구모델	PC, 모바일, 공기청정기	TV, 냉장고, 세탁기	냉장고, 안마기, 소형 가전	구모델 소진, 에어컨
매장 연출	새해 분위기	신제품 교체	봄 연출			신제품 교체, 여름 연출
판촉	연하장 발송	입학 졸업 판촉	개업 기념 판촉	이사 혼수 판촉	효도 판촉	입주 판촉

Offline Store

한번 인연을 맺은 고객이 반복적으로 우리 매장을 찾게 하고 다른 매장으로 떠나지 않게 하려면 고객에게 지속적인 관심을 보여주어야 한다. 즉, 여러 가지 방법으로 고객과 끊임없이 소통하는 것이다. 고객이 관심을 가지는 상품이나 서비스에 대한 정보 제공, 기념일 축하 메시지, 계속 이용해주는 데 대한 감사 메시지, 이런 것들이 고객과의 끈을 지속적으로 이어가게 한다. 존재감이 희미한 시대에 사는 오늘날, 고객들은 누가 자기를 알아준다는 사실에 작은 감동을 느낀다. 필요한 제품을 샀을 뿐인데 잊지 않고 세세하게 신경 써주어서 고마워하고, 다시 방문했을 때 매장에서 기억하고 먼저 인사해주면 기뻐하고 감동한다. 이처럼 사소한 관심이지만 만족을 주고 감동을 일으키는 매장에 다시 오지 않고 배길 수 있겠는가?

2부

장사 잘하는
매장은 율率을
관리한다

고객을 잃는 데는 10분밖에 안 걸리지만 그 고객이 다시 돌아오는 데는 10년이 걸린다. 사업은 긴 안목에서 보아야 한다. 당장 눈앞의 이익에 연연하다가 고객을 놓치고 나면 다른 방도를 마련하기가 어렵다.

인지율:

매장 홍보가
모든 것을 결정한다

우리는 1부에서 매출의 기본 공식(매출=구매 고객 수 ×객단가)에 대해 알아보았다. 매출은 '얼마나 많은 고객이 얼마만큼 샀는지'를 말한다. 여기서 '구매 고객 수'라는 것은 상권에 있는 '잠재 고객 중에서 우리 매장을 알고 있으면서, 기꺼이 매장을 방문하여, 충분한 상담을 한 후에 구매에 이른 고객'을 말한다. 이를 바탕으로 다시 풀어 쓴 매출 공식은 다음과 같았다.

매출 = 잠재 고객 수×인지율×방문율×상담률×판매 성공률×객단가

여기서 매출을 구성하는 핵심 요소는 인지율, 방문율, 상담률, 판매 성공률 등이다. 또한 기존 고객의 재방문율, 단골 고객의 고객 추

천율 등을 감안하면 매출을 올리는 데 핵심적인 요소들은 모두 '율率'로 표기되는 공통점을 가지고 있다. '율'이란 지표 개선이 결국 매출 증대의 열쇠가 된다. 즉, 매출을 지금보다 향상시키려면 각각의 '율'을 개선하면 된다.

수치로 표기되는 '율'은 영업 활동의 수준을 나타내므로 매장에서는 핵심적인 여섯 개의 '율'을 높이는 데 집중해야 한다. '율'을 개선하기 위한 활동이 아니면 매출에 전혀 도움이 안 된다. 이제부터는 '율'을 높이는 방법, 다시 말해 매출을 구성하는 핵심 요소들을 어떻게 하면 강화할 수 있는지 알아보자. 초점은 매출을 올리기 위한 구체적인 활동이다. 여기서부터는 1부의 역순으로 고객의 구매 행동 순서에 맞춰 인지율, 방문율, 상담률, 판매 성공률, 재구매율, 추천율의 순서로 매장에서 하는 활동을 설명할 것이다.

습관적인 판촉은
독이다

고객이 매장을 선택하기 위해서는 사전에 매장을 알고 있느냐 모르느냐가 매우 중요하다. 사람들은 자기가 아는 정보 내에서 판단을 하기 때문이다. 매장의 존재 자체를 모르는데 선택을 할 수는 없지 않은가? 오늘날 정보 기술의 발달과 인터넷의 확산으로 고객들은 정보의 홍수 속에서 산다. 매장에 대한 평이나 상품 사용 후기 등이 곳곳에 넘쳐나므로 맘만 먹으면 얼마든 쉽게 정보를 얻을 수 있다. 오히려 정보가 너무 많아서 선택이 더 어려워지는 시대다. 지금처럼 정보가 넘쳐나고 경쟁이 치열한 상황에서는 단순히 알리는 정도가 아니라 강렬한 인상을 심어줘야 한다. 그래서 어떤 제품을 구매하고자 할 때 가장 먼저 떠오르는 매장이 되어야 한다. 그렇지 않으면 선택의 기회는 그만큼 적어진다. 신설 매장일수록 매장 홍보가 더욱 중요한 이유다.

고객들이 매장을 알게 되는 방법은 여러 가지가 있다. 길을 지나다가 간판을 보거나 전단지를 읽거나, 또는 이웃으로부터 소문을 들을 수도 있다. 이렇게 고객들이 우리 매장의 존재를 알고 있어야 제품을 살 때 방문하게 된다. 매장의 존재를 안다 해서 모두 다 찾아오는 것은 아니지만, 모르는 상대에서 찾아올 일이 없다는 것만은 분명하다.

수년 전만 하더라도 가전 매장을 열 때 지역 유지들을 초청하여 테이프 커팅을 하는 등 성대하게 행사를 열었다. 풍물놀이나 여러 가지 이벤트, 만국기 따위를 준비해 마치 시골 학교 운동회처럼 시끌벅적한 분위기를 만들며 단번에 주민들의 이목을 끌었다. 요즘엔 소음 때문에 민원이 발생하기도 하고, 괜한 비용 낭비라는 분위기가 팽배하여 이런 개업식은 지양하는 추세이다. 그럼에도 매장을 지역 주민들에게 알린다는 취지에서는 강한 인상을 남길 수 있다. 그런데 일단 개업식을 치르고 나면 그 뒤로는 적극적인 매장 홍보에 관심을 두지 않는다. 사실 반짝 행사를 통해 매장을 알게 되는 고객보다는 모르는 고객이 훨씬 많다. 때문에 지속적으로 매장을 알려야 한다. 매장이 알려지지 않았는데 고객들이 안 온다고 걱정하고 있으면 무슨 소용이겠는가? 아직도 매장 홍보가 덜 되어 매출이 안 오르는 매장이라면 다른 헛수고 그만하고 빨리 정신 차리길 바란다.

나는 점장으로 근무할 때 동네 구석구석까지 매장을 알리려고 여러 가지 노력을 했다. 매장 주변의 아파트 게시판이나 엘리베이터 내부 광고는 거의 빼놓지 않았고, 전단, 현수막, 지역신문 등 모든 홍보 수단을 동원했다. 간판도 그 당시로서는 파격적으로 커서 눈에 잘 띄었고, 어떤 때는 건물 전체를 현수막으로 둘러싸기도 했다. 그런 현수막은 20년 전 가격이 100만 원을 넘었다. 지역 주민과 함께하는 봉사 활동이나 고객이 참여하는 이벤트도 다양하게 진행했다. 당연히 많은 비용이 들었지만 장기적으로 볼 때 매장 홍보는 아주 잘 되었다. 덕분에 해마다 안정적인 매출과 성장을 이루었다.

매장 영업은 항상 긴 안목으로 생각해야 한다. 조바심을 낸다고 고객들이 알아주지 않는다. 요즘 가전 매장 점장들을 만나보면 매월, 매주 쉼없이 판촉을 하는 것 같다. 매출 목표를 달성하려면 판촉을 할 수밖에 없다는 데는 동의한다. 하지만 내용에 별다른 변화 없이 습관적으로 하는 판촉은 효과가 전혀 없다. 오히려 고객에게 외면당할 뿐이다. 그런 식으로 매주 판촉비를 낭비하느니, 그 비용 중 일부라도 꾸준히 매장 홍보에 쓰기를 권한다. 지역에 탄탄하게 뿌리를 내리기 위해서는 매장의 존재 사실을 알리는 것이 다른 무엇보다 우선하기 때문이다.

새로 문을 연 매장은 특히 그렇다. 개업 전부터 고객의 기대와 흥미를 돋우며 분위기를 잡을 필요가 있다. 기존 매장 역시 고객 덕택에 번창하고 있으며 매장이 끊임없이 변화하고 있다는 소식을 알려주어야 한다. 가능한 한 많은 고객에게 매장의 존재를 알리는 것이 성공의 지름길이다. 홍보를 할 때 유의할 점은 장사 속내를 노골적으로 드러내지 않는 것이다. 판촉에만 초점을 맞추면 고객이 싫증낸다는 사실을 명심하자.

요즘에는 의식이 높아져서 사회문제에 적극적으로 참여하려는 고객들이 많다. 이에 부응하여 고객과 함께 사회에 공헌할 수 있는 홍보 활동을 구상해보는 건 어떨까? 예를 들어 어려운 이웃을 위해 한 끼 음식값을 미리 치르는 '미리내운동'에 참여한다든지, 수익의 일부를 구호 기금으로 활용한다든지 하는 것이다. 고객들의 관심과 참여를 유도하면서 매장에 대한 호감을 높일 수 있다는 측면에서 좋은 홍보 활동이 될 수 있다.

가장 먼저
고려해야 할 것

사실 좋은 입지만큼 효과적인 홍보 수단은 없다. 매장을 계약할 때 검토해야 할 사항이 많은데, 그중에서도 가장 먼저 고려해야 할 것이 노출성과 접근성이다. 노출성은 매장이 얼마나 쉽게 눈에 띄는가이고, 접근성은 얼마나 쉽게 매장에 갈 수 있는가를 말한다. 노출이 잘되는 매장은 매장 그 자체가 훌륭한 홍보 수단이다. 당연히 노출도 잘되고 접근하기도 좋은 곳이 1급 매장이다. 그러나 이런 매장을 확보하는 데 비용이 부담된다면 현실성을 감안하여 차선을 선택하자.

노출성과 접근성을 감안해 좋은 매장 고르는 조건을 몇 가지 알아보자.

- 사거리처럼 간판이 눈에 잘 띄거나 여러 방향으로 노출되는 매장이 좋다.
- 매장 인근에 시장이나 마트, 성당이나 교회가 있으면 집객이 잘되어 좋다.
- 버스 정류장, 지하철 역 근처 매장이 유리하다.
- 도로의 신호 체계가 매장에 접근하기 쉬워야 좋다.
- 고객의 흐름은 물과 같아서 언덕보다는 아래쪽에 위치한 매장이 더 좋다.
- 지하 통로, 하천, 철로 등으로 도로가 차단되는 곳에 위치한 매장은 안 좋다
- 매장은 출근 방향보다 퇴근 방향에 위치하는 것이 좋다.
- 매장 배후에 주거지가 있어야 좋으며 아파트 단지 입구 쪽이 유리하다.
- 매장 후보지 맞은편에 상점이 없으면 상권이 덜 조성된 곳이므로 불리하다.
- 매장 입구가 계단인 경우 불리하다.
- 가로수가 정면에 있는 매장은 여름에 간판이 가려지므로 불리하다.
- 서향인 매장은 여름철 햇볕에 유의하여야 한다.
- 주인이 자주 바뀌거나 임대료가 유난히 싼 점포는 유의해야 한다.

한 동네에서 오래 살다 보니 알게 된 것이 있다. 학원가로 유명한 E 아파트 사거리를 사이에 두고, 양쪽 상점들은 확연하게 다른 결과를 보인다. E 아파트를 끼고 있는 쪽은 상점들이 번창하고 고객들이 북적거리는데, 건너편 고갯길 방향 상점들은 장사가 잘 안 된다. 길 건너 쪽 매장은 주인이 자주 바뀌거나 업종이 수시로 변했다. 같은 도로라도 어느 방향이냐에 따라서 사업의 성패가 갈라졌다. 이처럼 고객의 흐름과 배후 상권의 깊이, 매장의 위치나 형태에 따라서도 결과가 확연하게 달라진다. 따라서 매출 공식을 이해하고 있는 여러분이라면, 매장 인지도를 결정하는 입지의 중요성을 감안하여 매장을 고를 때부터 신중하게 결정해야 한다.

고객의 기대 수준을 뛰어넘어야 소문난다

고객들의 입소문이 얼마나 강력한 홍보 효과를 갖는지, 매장 영업을 오래 한 분들은 경험을 통해 알 것이다. 대개 고객의 입소문은 자발적인 홍보 성격을 띠고 있기 때문에 인위적 홍보 활동보다 신뢰도가 훨씬 높고 전파성이 좋다. 좋은 입소문이 나기 시작하면 사업은 순조로워진다. 반대로 부정적 입소문은 사업 운영에 치명적일 수 있다. 좋은 입소문을 원한다면 고객의 기대 수준을 훨씬 뛰어넘는 긍정적인 결과나 이미지를 줘야 한다.

점장으로 있을 때 일이다. 우리 점에는 '빨강치마회'라는 여직원 모임이 있었다. 유니폼이 빨강 치마에 흰 블라우스여서 모임 이름을 '빨강치마회'라고 했다. 어느 날 여직원들은 출근 시간에 맞춰서 '희망 열기' 아침 인사 캠페인을 하기로 했다. 30여 분 먼저 출근하여 밝은 표정으로 출근길 주민들에게 아침 인사를 하는 것이다. 처음에는 쑥스러워했지만 하루 이틀 지나면서 자연스러워졌고, 이에 호응해서 남자 직원들도 빗자루를 들고 매장 주변을 쓸었다. 시간이 흘러 '희망 열기' 아침 인사는 동네의 명물이 되었고, 고객들은 우리 매장을 칭찬하면서 더욱 친근감을 가지게 되었다.

우리 매장은 고객 참여 행사를 많이 하기로 유명했다. 매장 주변이 학원가라 잠재 고객인 청소년을 대상으로 이벤트를 자주 벌였다. 방학을 이용한 '청소년 농구 교실', 'PC게임 경진대회', '어린이 사생대회' 등이 대표적이다. 청소년 참여 이벤트는 매우 건전하여 부모님들 반응도 좋았다. 한편, 주부들을 대상으로 '주부 노래대회'와 '요리교실' 등도 정기적으로 운영했다. 이런 행사는 매장 친숙도를 높이는 데 효과적이어서, 이들 이벤트 참여 고객들은 매우 적극적으로 매장을 홍보하게 되었다.

그런데 이벤트에는 사실 만만찮은 비용이 필요하기 때문에 매장의 예산 사정을 감안할 필요가 있다. 돈 많이 드는 이벤트보다는 오히려 차별화되고 감동적인 친절과 서비스, 지역 기여 활동을 통한 좋은 이미지 구축이 바람직할 것이다.

K 사장은 대도시에서 큰 매장을 운영하다가 소도시로 이전했다.

그가 낯선 소도시에 가서 맨 처음 한 일은, 그 지역 사회복지사업에 적극 동참하는 것이었다. 어려운 가정의 주거 환경을 개선해주기도 하고 경제적으로 후원을 하기도 했다. 지역의 유지인 이장과 통장, 새마을부녀회장 등이 추진하는 행사에도 관심을 두었다. 순수한 동기에서 시작한 이런 활동들은 시간이 흐르면서 그 진정성을 인정받게 되었다. 자연스럽게 지역 유지들과 친분을 맺게 되었고, 그들의 입을 통해 매장의 좋은 모습들이 퍼져나갔다. 홍보대사들이 도처에 포진했으니 매장은 자연히 날로 성장할 수밖에 없었다.

고객이 당신 매장에서 어떤 모습, 어떤 이미지를 바라고 있는지 아는가? 만약 우리 매장이 고객이 기대하는 수준을 만족시킨다면, 고객은 자발적으로 홍보대사가 되어 여기저기 좋은 소문을 내고 다닐 것이다.

고객들이 우리 매장을 잘 모르는 것 같다는 생각이 들면 고객들의 인지율을 높이는 활동들을 해보자. 다양한 방법의 매장 홍보, 매장을 눈에 띄게 노출시킬 수 있는 방법을 고민하고, 지역 밀착 활동을 강화해나가길 바란다.

나의 일상이 곧 홍보이며 판촉이 된다

아침에 신문 헤드라인이라도 훑어야 세상 돌아가는 모양을 알 수 있었던 게 불과 몇 해 전 일이다. 이때는 기업에서 광고나 홍보 수단으로 가장 흔하게 활용한 것이 신문의 전단지였기 때문에 주말이면 신문지보다 더 두꺼운 전단지 뭉치를 처리하는 게 일이었다. 그런데 요즘은 전단지를 구경조차 하기 어렵다. 종이 신문 구독자가 줄기도 했지만 전단지 자체의 광고 효과가 뚝 떨어졌기 때문이다.

지난해 말 기준으로 우리나라의 스마트폰 보급 대수가 4,600만 대를 넘었다. 사람들은 인터넷이나 홈쇼핑 등 온라인을 통해 상품을 고르고 구매하는 쇼핑 문화에 익숙해졌다. 온라인 마케팅 시대가 온 것이다. 오프라인 매장에서도 온라인 마케팅은 매우 중요하므로 적극적으로 활용할 필요가 있다. 고객에게 일상적으로 다가가고 소통할 수 있는 창구 역할을 온라인, 특히 SNS가 해내고 있기 때문이다.

온라인 마케팅은 간단한 활용법만 배우면 누구나 쉽게 할 수 있다. 각 매장의 상황에 따라 다음 세 가지 가운데 한 가지를 나름의 전략으로 시도해볼 수 있을 것이다.

- **온라인 광고** : 네이버, 다음, 구글 같은 검색 포털이나 SNS 서비스 제공자들에게 돈을 주고 광고를 노출하는 방식이다. SNS

광고는 성별, 연령, 직업이나 관심사에 따라 타깃을 고르고 광고를 집행할 수 있다.

• **검색 최적화** : 홍보용 콘텐츠를 검색 엔진에 노출하여 제품이나 서비스를 홍보하는 방식이다. 네이버, 다음, 구글 등의 통합 검색이나 블로그, 카페, 지식인, 웹문서, 이미지, 동영상 등에서 검색을 통해 상품에 대한 정보를 접하도록 할 수 있다.

• **SNS** : 소셜미디어를 활용하여 제품과 서비스에 대한 고객 경험을 공유한다. 블로그, 카카오스토리, 페이스북, 유튜브, 인스타그램, 밴드 등에서 친구 맺기를 통해 고객을 발굴, 관리, 홍보하는 방법이다.

그런데 위와 같은 온라인 마케팅이 성공하려면 몇 가지에 주목해야 한다. 먼저, 온라인 광고는 경쟁이 치열하기 때문에 실질적인 광고 효과를 내려면 검색 포털이나 SNS에서 광고주를 대상으로 운영하는 교육을 받는 것이 좋다. 네이버 광고 센터 (https://searchad.naver.com), 다음 광고 센터(http://biz.daumkakao.com), 구글 광고 센터(http://google.com/adsense), 카카오스토리 광고 센터(http://ads.kakao.com)나 페이스북 광고 센터(https://www.facebook.com/business)를 활용해보자.

포털 검색에서는 검색 키워드를 무엇으로 하느냐가 중요하다. 고객은 검색 결과의 상위 몇 개에만 주목하는 경향이 있으므로 검색 시 효과적인 노출 방법을 알아야 한다. 예를 들어 '팥빙수'라는 단어를 검색한다고 해보자. 이 경우, 검색 결과 팥빙수에 대한 설명만 나오는 것이 아니다. 팥빙수 기계, 팥빙수 브랜드, 팥빙수 맛집, 팥빙수 노래 등 관련 검색어들이 나오고 이와 관련된 다양한 사이트가 등장한다. 따라서 고객이 쉽게 찾을 수 있는 위치에 나의 상품이나 서비스가 나타나야 수없이 많은 검색 결과 사이에서 선택될 가능성도 올라간다.

해시태그를 이해하는 것도 무척 중요하다. 해시태그란 '#핵심단어'의 형태로 이루어진 일종의 키워드 검색 기능이다. 인스타그램, 페이스북 등 SNS에서 해시태그를 통해 관련 콘텐츠를 검색하는 경우가 흔하다. 따라서 해시태그를 잘 활용하면 타깃 고객이 명확해질 뿐만 아니라 경쟁자의 생생한 정보도 한눈에 알 수 있어 대응하는 데 도움이 된다.

이처럼 키워드에도 돈이 되는 것과 돈이 안 되는 것이 있다. 고객들의 눈에 띌 수 있는 검색어를 잘 활용해야 키워드에 부가가치가 생긴다.

칭찬과 불만을 동시에 관리하는 공간으로 활용하라

사람들의 시선을 끌기 위해서는 무엇보다 비주얼이 중요하며, 고객이 주도적으로 홍보하도록 '깜짝 놀랄 만한 거리'를 제공하는 것이 포인트다. 여기에 멤버십 프로그램으로 혜택을 주면 더욱 효과적인데, 이때 판촉성 문자나 포스팅은 많으면 많을수록 오히려 독이 된다는 사실을 간과해선 안 된다. 아무리 혜택을 많이 준다 하더라도 지나치면 스팸으로 여겨지기 쉽다.

한편, SNS는 입소문 마케팅의 중심 공간인 만큼, 칭찬뿐 아니라 불만도 순식간에 퍼지기 쉽다. 마치 양날의 검과 같다. 그러므로 품질이나 서비스에 자신이 있을 때 이를 적극적으로 활용하고, 불만에 대해서는 즉각적으로 조치할 필요가 있다. SNS를 통해 고객들의 반응에 신속하게 대응하고, 지속적으로 브랜드 이미지와 평판 관리에 신경을 써야 한다. 그만큼 SNS 관리는 부지런해야 한다. 방치된 SNS는 무관심의 상징이라, 도리어 없느니만 못할 수 있다. 꾸준한 업데이트가 생명이다.

얼마 전 경북 청도에 있는 매장을 방문했다. 그 매장에서는 우수 고객들과 카톡방을 만들어서 소통하며, 제품 사용 후기도 공모한다. 고객들이 쓴 후기 가운데 몇 개를 선정하여 시상하는 행사다. 고객들은 선물을 받기 위해 정성껏 후기를 올리는데, 경쟁이 치열하다. 고객들이 감사의 글뿐 아니라 사진이나 동영상까지 올리면서 저절

2부 _ 장사 잘하는 매장은 율(率)을 관리한다

로 상품 홍보 효과도 생겼다. 이렇게 선정된 후기는 고객의 허락을 받아 매장 연출용 홍보물로 활용한다. 해당 상품에 고객의 사용 후기가 붙어 있으니 이보다 더 효과 좋은 POP가 없다. 고객의 사용 후기는 영업 사원의 설명보다 더 신뢰감을 주는 만큼 매장에서는 일석이조의 효과를 보는 셈이다.

나비넥타이로 명성을 떨치고 있는 디지털프라자의 이정호 과장은 경상도 지역에서 혼수 전문가로 이름을 날리고 있다. 오래전 혼수 상담에 감동받은 한 고객이 자신의 블로그에 글을 올린 것이 그 계기였다. 그 글을 본 많은 고객들이 자연스럽게 그를 찾게 되었고 지금은 경상도뿐만 아니라 전국에서 가전제품 문의가 들어온다. 이처럼 SNS의 위력은 시간과 공간의 제약을 뛰어넘는다. 한번 SNS상에서 스타가 되면 지역과 관계없이 고객이 몰려든다는 것을 실감하는 요즘이다.

홍보나 판촉을 어렵게 생각하거나 멀리하지 말자. 이제는 우리 일상이 된 온라인을 최대한 활용하여 고객과 대화하는 데 익숙해져야 한다. 온라인을 모르면 더 이상 경쟁에서 살아남을 수 없다. 온라인을 통해 고객에게 유익한 정보를 제공하며 관계를 강화하는 당신의 일상이 곧 홍보이며 판촉이 된다.

방문율:
고객을 경쟁자에게
빼앗기지 않을 세 가지 비책

매장 영업에서 고객의 방문은 매출을 크게 좌우하는 요소다. 그래서 매장에서는 고객들을 유인하기 위해 다양한 방법을 동원한다. 심지어 어떤 매장은 경쟁 매장의 고객을 빼앗아오는 데 주력하기도 한다. 고객을 유치하지 못하면 매장 문을 닫을 수도 있다는 절박함과 긴장이 끊이질 않는다. 과연 우리 매장으로 고객들의 발길을 잡아끌 방법은 무엇일까?

영업 사원 100명에게 물어보면 100명이 죄다 입을 모아 말한다. 고객이 일단 매장을 방문하면 판매로 연결하기는 식은 죽 먹기라고! 문제는 고객들이 매장을 방문하지 않는 것이다. 이처럼 고객 한 사람 한 사람의 방문은 매출로 직결된다. 이런 현실에서 어떻게 하면 고객들이 우리 매장을 선택하게 할 것인가? 이 물음은 모든 영업인의 당면 과제다. 많은 연구 자료에 의하면, 매장과 고객 사이에 긴밀한 연결 고리를 형성함으로써 이 문제를 해결할 수 있다고 한다. 연결 고리가 탄탄하면 고객이 제품을 구매하려 할 때 가장 먼저 우리 매장을 떠올릴 것이다. 반면에 연결 고리가 느슨하면 우리 매장이 선택될 확률은 줄어든다. 이런 까닭에 업종 불문하고 고객과의 인연 맺기에 여념이 없다.

고객과의 연결 고리를 어떻게 만들 것인가

인연 맺기란 고객의 정보를 입수하는 여러 가지 활동을 말한다. 대표적인 것이 멤버십이다. 멤버십에 가입하면 고객은 매장에 대한 소속감을 느끼게 된다. 사용 실적에 따라 받는 마일리지나 포인트 같은 금전적 혜택도 큰 매력이다. 이렇게 확보한 멤버십 회원은 제품을 구매할 때가 되면 자연스럽게 다시 찾아온다. 다른 매장으로 이탈할 확률도 생각보다 적다. 고객들이 개인정보가 노출되는 걸 꺼리는 데다, 가입 서류를 작성하는 것도 번거롭기 때문이다.

개인정보를 활용하려면 개인정보보호법에 따라 본인의 동의를 받아야만 한다. 멤버십은 회원 가입 시 개인정보 활용 동의를 받는데, 이는 고객과 인연을 맺는다는 목적 외에도 정보의 활용성 측면에서 매우 중요한 일이다. 멤버십은 어느 매장에서나 가입이 자유

롭지만 최초로 가입한 매장이 유리할 수밖에 없는 이유이다.

멤버십을 유치한 매장은 입수한 개인정보를 활용하여 판촉 활동을 자유롭게 할 수 있다. 고객 정보는 매장 입장에서 아주 중요한 자원이다. 우리 매장에서 먼저 손을 내밀지 않으면 경쟁 매장이 가로채버리는 현실을 빨리 깨달아야 한다. 고객이 멤버십에 가입하는 순간 매장 간의 승패는 이미 결정난다. 명백히 한쪽은 승리자요, 다른 한쪽은 패배자다.

그러므로 승리자가 되고 싶다면 고객의 멤버십 확보를 위해 온 힘을 다 쏟으라. 자기 매장을 방문하는 고객은 100퍼센트 멤버십에 가입시킨다는 목표를 가져야 한다. 이것은 최소한의 목표일 뿐이다. 더 나아가 방문하지 않는 고객의 멤버십 확보 방안이 무엇인지도 고민하라. 특히 영세하여 멤버십 제도를 제대로 갖추지 못한 매장이라 할지라도 고객 정보를 입수하는 일만은 게을리하지 말아야 한다.

한편 멤버십으로 인한 부작용도 있다는 것을 명심해야 한다. 개인정보를 합법적으로 활용하게 되는 순간부터 생기는 욕심이 문제다. 경쟁이 치열할수록 매장에서는 판촉에 사활을 걸게 되는데, 이때부터 판촉 공세를 하게 된다. 가전 업계에 오래 근무하다 보니 가전 매장의 무차별적인 판촉 때문에 고객의 불만이 증가하고 이로인해 고객 이탈 현상까지 발생하는 사례를 무수히 보아왔다. 매장에서 보내오는 이메일, 문자 등은 유용한 정보일 때 관심을 두는 것이다. 막무가내식 판촉은 오히려 공해일 뿐이어서 역효과만 생긴다.

2부 _ 장사 잘하는 매장은 율(率)을 관리한다

더구나 요즘은 스팸성 판촉 문자나 메일을 손쉽게 차단할 수 있어 효과를 보지도 못한다. 지나치면 안 된다는 평범한 진리가 영업에도 예외 없이 적용되는 것이다.

다시 한 번 강조하건대 고객과의 첫 인연의 소중함을 깨닫고, 먼저 멤버십으로 단단히 묶어두자.

고객의 속마음을 읽는 독특하고 새로운 아이디어

고객이 매장에 발을 들여놓기만 하면 90퍼센트 이상 판매에 성공한다는 게 업계의 통설이다. 그런데 고객을 매장으로 끌어들이기가 너무 어렵다. 할인 행사의 홍수 속에 사는 시대인 만큼 웬만한 자극으로는 고객의 발길을 붙잡을 수 없다. 매장 간 경쟁은 나날이 치열해지고, 고객도 웬만한 상술은 뻔히 알고 있다. 고객에게 패가 거의 드러난 모양새다. 그럼에도 불구하고 몇몇 성공적인 매장의 아이디어에는 손뼉을 치게 된다.

오래전에 지인이 한 식당을 소개했다. 오리고기를 전문으로 하는 그 식당은 산속 한적한 곳에 있는데, 항간에 널리 소문난 맛집이었다. 점심시간이 훌쩍 지나 다른 식당 같으면 직원들이 휴식을 취할 시간인데도 주차장에는 승용차들이 꽉 차 있고, 자리를 잡지 못한 사람들은 대기표를 받아야 하는 상황이었다. 산속에서 이게 무슨 일이람? 식당에 머무르는 동안 유심히 관찰하니, 맛도 맛이려니와 제공되는 '서비스'가 특별했다. 안락한 카페 분위기의 대기실, 메인 메뉴보다 더 인기 있는 후식(들깨수제비와 군고구마, 뻥튀기 등), 향수를 불러일으키는 인테리어 등이 접근성의 약점에도 불구하고 인기를 끈 요소였다. 음식점으로선 좋은 판촉 아이템을 갖춘 셈이다.

지금은 가전 매장에서 하는 행사 중 약방의 감초처럼 빠지지 않는 단골 메뉴가 '땡 세일'이다. 고객을 불러모으는 땡 세일은 초기만 해도 그렇게 사람들의 주목을 받지 못했다. 대상 품목이나 가격이 별로 매력적이지 않았기 때문이다. 그런데 최근에는 매장들이 이를 전략적으로 활용하게 되었다. 품목을 정하는 데도 신중하고, 가격도 파격적으로 책정한다. 당연히 고객들의 발걸음을 붙잡을 정도가 되었다. 신규 매장의 할인 행사에서 길게 늘어선 고객 행렬을 보는 건 이제 흔한 풍경이 되었다.

땡 세일에 사용되는 미끼 상품은 보통 1만 원 안팎이어야 고객들에게 부담을 주지 않는다. 우연히 매장 근처를 지나다가 눈에 띄어 집어들 정도면 된다. 간혹 값이 좀 나가는 상품은 대폭 할인을 하거나 수량을 한정하여 눈길을 끄는 것도 좋다. 예전에 어느 가전 매장에서는 개업 때 프라이팬 교환 행사로 대박을 친 일이 있었다. 집에서 쓰던 헌 프라이팬을 가져오면 새 프라이팬으로 무료 교환해주는 행사였다. 부엌에서 자주 쓰는 물건인 데다, 닳고 닳은 프라이팬을 새것으로 교환해준다니 얼마나 반가운 일인가. 주부들의 속마음을 잘 읽어낸 이 판촉은 성공할 수밖에 없는 것이었다. 그 당시 판촉 행사 관행으로 보아 이런 아이디어는 파격이었다. 이처럼 독특하고 새로운 아이디어는 놀랄 정도로 고객의 반응을 불러일으킨다.

사실 땡 세일은 고객을 불러모으기 위한 미끼 전략이다. 대부분 매장에서는 고객이 공짜를 좋아할 거라는 편견을 가지고 있다. 이런 생각이 판촉 행사의 실패 원인이다. 판촉 행사를 성공시키고 싶거든 철저히 고객 입장에서 고민하여 아이템을 선정하라. 무조건 공짜라고 반응이 있는 것도 아니고, 고급 제품을 저렴하게 준다 해서 성과가 나지는 않는다. 다시 말하지만 땡 세일 품목은 고객에게 부담을 주지 않아야 한다. 오다가다 쉽게 지갑을 열 만한 가벼운 품목들이어야 한다. 기대하지는 않았지만 기쁨이 있는, 예기치 않은 이벤트가 되어야 한다. 대개는 생활용품이나 저가 제품들이 그 범주에 속하며, 한정 수량을 파격적인 가격으로 내거는 것이 좋다. 이렇게 해서 고객들이 모여들면, 그다음에 매장으로 유인하기란 쉬운 일이다. 판촉에 대해서는 뒤에서 상세히 다루기로 한다. 사소한 것이라도 좋다. 고객의 호기심을 자극하는 아이디어를 개발하라. 일단 고객이 모이면 판매로 연결하기는 쉽다.

효율적이지 않으면
외면한다

고객들의 발길이 끊이지 않는 매장은 기본적으로 좋은 여건을 갖춘 곳이다. 백화점이나 대형 할인점처럼 많은 사람들이 찾는 곳도 있고 하루에 20~30명 정도가 찾는 매장도 있다. 편의점처럼 고객이 자주 드나드는 매장이 있고, 가전제품이나 가구처럼 방문이 드문 매장도 있다. 이처럼 유통의 형태나 업종에 따라 고객 발걸음의 빈도가 다르다. 그런데 유통 형태와 업종이 같아도 고객의 선택을 받는 매장과 외면을 당하는 매장이 있다. 알다시피 고객의 선택을 받으면 살아남고, 외면받으면 도태된다.

고객들이 선택하는 매장은 필요한 제품이 항상 구비되어 있는 곳이다. 그러나 아무리 고객 위주로 생각한다 해도 매장 입장에서 보면 장소, 시간, 돈 등 물리적 여건상 모든 것을 갖추기가 쉽지 않다. 그럼에도 불구하고, 고객의 방문을 원활하게 하기 위해서는 다음과 같은 노력을 해야 한다.

첫째, 고객이 헛걸음하지 않도록 다양한 소모품을 갖춘다. 무조건 많은 가짓수를 갖추라는 것이 아니고 효율적인 매장이 되라는 얘기다. 고객이 자주 찾거나 금방 소진되는 제품들을 필수로 구비해야 한다. 매장의 주력 상품은 그동안의 경험이나 판매 데이터를 보면 쉽게 선별할 수 있다. 예를 들어, 가전제품에도 소모품들이 꽤나 있다. 건전지, 복사용지, 프린터 잉크나 토너, 청소기 먼지봉투 등은 일상생활에 긴요한 소모품이다. 휴대폰 사용자에게 액세서리는 중요한 부속품이다. 이런 소모품이나 액세서리, 본체와 연관되는 제품들을 잘 구비하는 것이 고객들을 매장으로 끌어들이는 데 매우 중요한 요소가 된다.

둘째, 인기 상품은 충분히 재고를 확보하라. 인기 상품이란 가장 잘 팔리는 제품이다. 그만큼 고객이 선택할 기회가 많다는 얘기다. 상위 20퍼센트 품목, 즉 인기 상품이 전체 매출의 80퍼센트를 차지한다고 하니 고객이 찾을 때 바로 판매할 수 있도록 충분한 양의 재고를 확보해놓는 것이 좋다. 오죽하면 인기 상품만을 모아 판매하는 랭킹샵이란 것이 있을 정도다. 소형 가전이나, 화장품, 목욕용품, 식품류, 서적류 등 여러 상품 중에서 인기 순위 1~10위 제품만을 취급하는 곳으로, 인기 제품만으로 매장을 구성하면 고객이 쉽게 선택할 것이라는 점에 착안했다.

셋째, 매장의 융복합화 추진이다. 쇼핑센터가 대형화, 복합화되는 이유는 고객들을 오래 붙잡아두면서 원스톱 쇼핑을 강화하려는 전략 때문이다. 한 가지 업종만으로 고객 방문을 유도하기엔 한계가 있다. 가전 매장의 경우, 보통 하루에 30~50여 명이 방문할 뿐이다. 가전제품의 특성상 방문객을 늘리는 데는 한계가 있다. 최근 대형 가전 매장에 브랜드 커피숍들이 들어서는 경우를 종종 보게 된다. 이런 시도는 점내 서비스일 뿐 아니라, 커피를 마시려는 고객을 매장으로 흡수하는 전략이다.

융복합화의 대표적인 예로 편의점의 변신을 들 수 있다. 요즘 편의점은 유통 매장 기능만 하는 것이 아니라 ATM 기기를 갖춰 금융기관 역할을 하며, 택배회사 기능까지도 수행하고 있다. 재래시장의 소규모 점포들도 힘을 합쳐 변화를 꾀하고 있다. 서울 통인시장은 시장 전체가 하나의 쇼핑센터가 되어 고객들의 발길을 붙잡는 데 성공한 케이스다. 이곳의 도시락 카페는 떡볶이, 순대, 김밥, 튀김, 반찬 등 다양한 가게들이 협력하여 재미를 부여한 대표적인 융복합화 사례이다. 덕분에 관광객의 방문 코스가 되고, 주말이면 발을 디딜 곳이 없을 정도로 사람이 몰리게 되었다.

경쟁이 치열한 만큼 고객을 한 명이라도 더 끌어들이기 위한 매장의 변신이 절대 필요하다. 이쯤에서 우리 매장도 새로운 모습으로 변신하는 걸 상상해보자.

고객들이 우리 매장을 알기는 하지만 선뜻 방문을 안 한다면 고객들의 방문율을 높이는 활동들을 해보자. 고객과 첫 인연 맺기, 고객 끌어모으기 이벤트를 준비하고 필요시 항상 구매할 수 있도록 다양한 상품을 갖춰두자.

상담률:

판매는
영업 사원만의 일이 아니다

상담은 구매에 필요한 정보들을 고객에게 제공해 구매 결정을 도와주는 것이다. 이때 고객 응대 비율, 즉 방문 고객을 방치하지 않고 직간접으로 상담하는 비율을 고객 상담률이라 한다. 고객 상담률이 높다는 얘기는 방치하는 고객이 그만큼 적다는 의미이다. 내방객 규모에 맞는 상담원 확보와 협업, 충분한 제품 POP 구비 등은 고객 상담률을 높이는 방법이다.

누구나 한 번쯤 진열대에 붙어 있는 POP 문구를 보고 상품을 산 경험이 있지 않은가? 딱히 살 생각이 없었지만 POP를 보고 욕구가 일어나 상품을 구매하는 경우가 많다. 꼭 직원이 설명해주지 않아도 제품 구입은 이뤄진다. 이처럼 각종 POP, 쇼카드, 가격표 등이 때에 따라선 직원 한 사람의 몫을 충분히 해낸다. 훌륭한 보조 직원 역할을 하는 것이다.

잘 만든 POP가
직원 한 사람 몫을 한다

POP는 말하지 않는 영업 사원이다. 그러므로 영업 사원을 대신해서 고객의 궁금증을 풀어주어야 한다. 제2의 영업 사원인 POP에 대해 좀 더 알아보자. POP는 어떻게 작성하고 무슨 내용을 담아야 하는가? 좋은 POP는 고객 입장을 대변하고 궁금증을 해소하는 데 초점을 맞춘 것이다. 일방적으로 매장 입장을 전달하고, 고객을 가르치려 하면 안 된다. 예를 들어 '인기 상품'이라는 POP는 매장 입장에서 많이 팔고 싶다는 생각을 담은 것이다. 그러나 고객들은 이 상품이 왜 잘 팔리는지 그 이유를 더 궁금해한다. 그러므로 이 상품이 인기 높은 이유를 알려주면 고객들의 호응도도 더 올라갈 것이다. 또한 전달하고자 하는 내용을 알기 쉽게 단순화, 시각화하면 고객의 눈길을 사로잡을 수 있다. 기술적으로 좋다는 얘기를 써놓는 것보다 고객의 사용 후기가 훨씬 효과적이다.

POP는 어떤 의도로 만드느냐에 따라 내용이 달라진다. 고객의 궁금증을 자세히 알려주는 POP, 중점적으로 판매하고자 하는 상품을 추천하는 POP, 상품의 차별성을 강조하는 비교 POP, 상품의 단점을 오히려 정직하게 고백하는 POP, 특별 가격으로 저렴하게 판매하는 가격 할인 POP, 신상품임을 알리는 POP, 특정 상품의 입고 예정을 알리는 POP, 계절 변화를 알리는 POP 등 상황에 따라 얼마든지 다양하게 만들 수 있다. POP를 만들 때는 고객들의 심리 상태나 구매 패턴을 반영하는 것이 좋다. 고객들의 관심 사항에 착안하라. 고객들이 가격 할인, 포인트, 쿠폰 등 가격 혜택에 관심이 많다면 그런 것들을 부각시키면 된다. 효과적인 POP를 만들기 위해 참고해야 할 몇 가지 사항을 들면 다음과 같다.

- 가격 혜택은 눈에 띄게 부각시킨다.
- 핵심적인 단어는 글자의 색깔, 크기, 형태를 달리하여 강조한다.
- 특별히 한정된 수량임을 강조한다.
- 구체적인 숫자를 이용하라. 말보다 더 설득력이 있다.
- 신뢰감을 주고 싶으면 '점장의 추천 상품'임을 강조한다.
- '뽀송뽀송, 지글지글, 아삭아삭'처럼 감각을 자극하는 단어를 적절하게 활용한다.
- 사실을 딱딱하게 전달하기보다 고객과 대화하는 말투를 사용한다.

같은 POP라도 유머 감각이 돋보이는 내용을 보면 입가에 웃음을 띠면서 긴장의 끈을 놓기도 한다.

- 죽은 척한 생태 1마리 3,000원, 2마리 5,000원
- 짜장면 가격표 : 초등학교 가기 전 2,000원, 재학생 3,500원, 졸업하면 5,500원
- 아파트 가격표 : 25평 약 28만 달러(3억 원), 35평 약 38만 달러(4.3억 원)

POP의 작성 포인트는 고객과의 원활한 커뮤니케이션에 있다. 즉, 영업 사원과 고객이 대화한다는 생각으로 만드는 것이 효과적이다.

'내가 이 매장에서
대접을 잘 받고 있구나'

앞에서 얘기한 것처럼 상담원 수보다 많은 고객이 한꺼번에 매장을 방문할 때 일일이 응대하기는 곤란하다. 할인 행사를 하거나 연말연시처럼 특수 수요가 발생하는 시기에는 밀려드는 고객 응대가 가장 큰 관건이 된다. 그럴 때 고객 상담을 대신할 수 있는 것이 오감을 동원한 제품 체험과 잘 갖춰진 POP다. 그렇다 해도 결국엔 고객을 직접 상담해야 할 경우가 있는데, 상담할 사람이 모자랄 땐 어떻게 해야 할까?

사실 매장의 모든 직원이 다 영업을 하지는 않는다. 영업 사원 외에 영업을 간접 지원하는 인력들이 있게 마련이다. 점포 사정에 따라 다르겠지만 계산원이나 상품 정리, 안내 사원 등이 있을 텐데, 그들을 활용할 방법을 고민해볼 필요가 있다. 이들이 직접 상담하는 영업 사원을 지원할 수 있도록 체계를 갖추는 것이다. 즉 영업 사원 A와 간접 사원 B, 혹은 같은 영업 사원이라 하더라도 두 명이 팀을 이뤄 활동하게 하면 접객할 때 상담 공백을 최소화할 수 있다.

디지털프라자를 방문하여 영업 사원과 상담하다 보면 다른 직원이 조용히 차 내미는 모습을 보게 될 것이다. 영업 사원이 고객과 상담하는 동안 고객 응대를 안 하는 다른 사람은 언제든 지원할 자세를 취하고 있다. 이런 대접은 고객의 마음을 편안하게 하며, 매장에 대해 호감을 갖게 한다. '내가 이 매장에서는 대접을 잘 받고 있

2부. 장사 잘하는 매장은 율(率)을 관리한다

구나'라는 생각에 상담 효과가 높아진다. 팀을 이뤄 접객을 하면 상담 대기 고객의 무료함을 달래어 이탈을 예방할 수 있다는 것이 무엇보다 좋은 점이다. 사실 단골이 아니면 상담해줄 때까지 30분 이상 기다릴 고객은 거의 없다. 시간이 아까워서라도 이웃 매장으로 발길을 돌리기 마련이다. 그러나 차 한잔을 따뜻하게 대접받고 나면 미안해서라도 기다리게 된다.

내가 아는 어떤 사장님은 매장 활동이 특이하다. 그분은 본인이 직접 고객 상담을 하지 않고 직원들 뒤에서 적극적으로 지원만 한다. 예를 들어, 항상 문 앞에 대기하고 있다가 제일 먼저 고객을 맞이한다. 배웅 인사도 가장 나중까지 한다. 직원들이 상담을 시작하면 차나 건강음료를 쟁반에 담아 조용히 건네며 상담 분위기를 조성한다. 영업에 방해가 되지 않도록, 있는 듯 없는 듯 지원한다.

또한 매장을 주의 깊게 관찰하다가 고객이 혼자 있게 되면 상담을 안 하고 있는 직원에게 응대하도록 적절하게 지시한다. 본인이 접객을 할 수도 있으나 스스로 직원들과 협력하여 상담력을 높이고 있다. 또 신입 사원이 들어오면 선배 사원과 팀을 이뤄 지내게 하며 1개월 동안 고객 차 심부름만 시킨다. 베테랑 영업 사원의 보조로 있으면서 고객에 대한 두려움을 없애고, 선배들의 어깨너머로 영업 기술을 배우게 하는 것이다. 시간이 지나면서 그 직원은 자연스럽게 협력하는 자세를 갖추게 된다. 이렇게 하다 보니 고객 만족도가 높아지고 매장에는 협조적인 분위기가 조성되었으며, 직원 개개인의 매출도 늘어났다. 그 매장에서는 협업이 제대로 구현되고 있었던 것이다.

방문 고객이 한정된 매장에서는 할 수만 있다면 방문 고객 전체를 직접 상담하는 것이 좋다. 상담이 이루어져야 판매로 이어질 확률이 높기 때문이다. 만약 매장에서 근무하는 인원이 부족하다면 직간접 인원이 팀을 이뤄 서로 지원하도록 해보자. 직원 간의 협동은 물론 고객 만족도도 높이고, 나아가 매출 증대에도 도움이 된다는 사실을 알게 될 것이다.

고객들이 매장에 들어오면 무조건 상담을 해주어야 한다. 상담률을 높이는 활동들을 해보자. 고객의 이해를 돕기 위한 멋진 POP를 준비하고, 비영업 사원도 적극적으로 상담을 돕자.

판매 성공률①:

고객은 똑똑한
영업 사원을 좋아한다

판매 성공률은 상담 고객 중 몇 명이나 최종 구매
에 이르렀는가를 나타낸 백분율이다. 야구의 타율처럼 이해하면 쉽
다. 야구에선 열 번 타격을 하여 세 번 안타를 치면 3할 타자라 하여
대단하게 여기는데, 매장에서는 보통 판매 성공률이 60퍼센트 이상
되어야 인정받는다. 직원 전체의 평균 판매 성공률이 높아지면 매
출이 증가한다는 것은 공식에서 설명한 대로다.

그런데 점장이 종종 하는 실수 중 하나가 전체 수치를 개선하려
하는 것이다. 이는 조회 시간에 지각 문제를 갖고 야단치는데 정작
당사자는 그 자리에 없는 것과 마찬가지이다. 결국 당사자를 직접
불러 경고해야 하듯이, 가장 저조한 직원의 판매 성공률을 높이는
것이 전체의 판매 성공률을 올리는 키포인트가 된다. 그러면 판매

성공률을 높이기 위해 어떤 활동들을 해야 할까?

성과를 내려면
사람에 투자하라

삼성전자에 근무할 당시 거래처 중 하나는 직원들이 오래 근무를 하지 못하고 자주 바뀌었다. 그곳을 방문할 때마다 새로운 직원하고 인사 나누는 게 일이었다. 직원이 자주 바뀌다 보니 고객들 불만도 꽤 쌓였다. 고객들은 예전에 상담해주던 직원을 찾게 되는데, 얼마 근무하지 못하고 퇴사했다는 소식에 결국 하나둘 떠나갔다. 이처럼 직원들이 자주 바뀌는 매장은 고객의 선택을 받기가 쉽지 않다.

어떤 조직이건 성과를 내는 데 '사람'이 중요하다는 것은 잘 알려진 사실이다. 아무리 훌륭한 매장과 시설, 좋은 상품을 갖추고 있어도 영업 사원의 능력이 모자라면 성과를 내기가 어렵다. 반면에 여건은 불리해도 영업 사원이 유능하면 불리한 여건을 뛰어넘는 성과를 낼 수 있다.

매출을 늘리려면 판매 성공률을 높여야 하는데, 그러려면 직원들을 육성하는 일에 역량을 집중해야 한다. 무엇보다 상품 지식은 영업 사원이 기본적으로 갖춰야 할 자질이다. 그러므로 신입 사원은 충분히 상품 지식을 갖추게 한 후 현장에 배치하자. 상품 지식만큼은 부딪히면서 배워도 된다는 섣부른 생각을 하지 말자. 상품 지식이 풍부하면 영업 사원은 자신감을 갖게 된다. 고객도 같은 값이면 상품 지식이 많은, 전문성을 갖춘 사원과 상담하기를 바란다. 상품 지식은 매장에 대한 고객의 신뢰를 증대시킨다.

상품 지식은 이해하고 기억하는 것도 중요하지만, 고객과 상담할 때 충분히 활용할 수 있어야 가치가 있다. 아는 것과 설명하는 것은 다르다. 어느 정도 요령이 가미되어야 제대로 된 상담력을 발휘하게 된다. 그러므로 기초 상품 지식이 어느 정도 갖추어지면 매장 내에서 '롤플레잉'을 활성화하자. 가상으로 상담 상황을 만들어놓고 직원들이 영업 사원과 고객의 입장이 되어 상담을 주고받게 하는 것이다. 롤플레잉은 영업 사원의 순간적인 대응력을 키우는 데 큰 의미가 있다. 예상치 못한 질문에 얼마나 순발력 있게 답변하는가가 롤플레잉의 핵심이며, 여기서 배운 내용은 오래 기억된다. 가상의 실전 경험은 영업 사원들에게 자신감을 준다.

또한 항상 학습하는 체계를 갖추자. 매장 조회 시간이나 근무 중 자투리 시간을 활용하면 충분하다. 고객 응대 시 실패 사례나 상담이 어려웠던 경우는 모두 다 좋은 교육 소재이다. 이러한 실패 사례는 대개 활용이 안 되고 잊히기 쉽다. 그러나 실패 사례를 통해 배우는 것이야말로 피가 되고 살이 된다. 또한 고객들의 목소리를 간접적으로 파악할 수 있어서 실제로도 유용하다. 아는 만큼 보이고 아는 만큼 들린다는 말이 있다. 영업 사원이 상품에 대해 많이 알면 알수록 설득력도 잘 발휘할 수 있다. 상품 지식은 영업 사원의 무기이다.

점포가 작거나 취급 품목이 단순하다고 해서 상품 지식을 무시하고 넘어가려는 경우가 있다. 그럴 땐 고객들의 작은 호기심과 부딪혔을 때를 가정해보라. 제대로 답변을 못하고 우물쭈물하는 사이 신뢰의 벽엔 금이 가기 마련이다. 맛집에 가면 벽면이나 테이블에 'OO의 효능, OO의 성분, OO의 유래' 등 음식이나 재료에 관한 역사적 사실과 과학적 근거뿐만 아니라 '음식을 맛있게 먹는 법'이란 친절한 안내판까지 부착해놓은 모습을 볼 수 있다. 굳이 직원들이 전문 지식을 알 필요가 없더라도 점포 상황에 맞게 상품을 소개하는 사례들이다. 영업은 상품을 파는 일인 만큼, 팔려는 상품에 대해 잘 알아두는 것은 고객에 대한 최소한의 예의이다.

매출을 증대시키고 싶으면 판매 성공률을 높여라. 판매 성공률을 높이는 첫 번째 팁은 직원들의 상담 능력을 키우는 것이며, 상품 지식을 잘 갖추는 것이다.

경쟁자에 대해 무엇을 알고 무엇을 모르는가

매장을 방문하는 모든 고객들이 제품을 구매한다면 매출은 엄청날 것이다. 그러나 그 사람들 중 일부만 구매하는 게 현실이다. 어떤 사람은 구경하러 오고, 어떤 사람은 가격만 물어보고 나간다. 또 어떤 사람은 다른 볼일이 있어 들르기도 한다. 그런데 매장에 들러 몇 가지를 물어보고 구경하다가 나가는 사람들이 나중에 뭘 하는지 자세히 알아봤는가? 그들은 발품을 팔면서 여러 매장을 비교하고 있다. 알게 모르게 각 매장에 대한 평가가 진행되는 것이다. 매장을 둘러보고 나간 고객이 다시 올 확률은 매우 낮다. 왜냐하면 고객이 여러 매장을 둘러볼수록 마지막 매장에서는 앞의 매장과 같은 조건을 내걸거나 훨씬 좋은 조건을 제시할 것이기 때문이다.

우리 매장 주변에는 많은 경쟁 매장들이 있다. 요즘은 교통이 편리해서 자동차로 10여 분 정도 거리는 문제도 안 된다. 또한 인터넷과 모바일이 확산되어 매장과 온라인 간 경쟁도 치열하다. 이렇게 경쟁이 격화되는 상황에서 매장이 살아남으려면 제각각 다양한 고객 유인 방법을 내세우는 수밖에 없다. 가격, 친절, 편리함 등, 뭐가 됐든 한 가지쯤 특별한 매력을 갖추고 있어야 한다. 그런데 영업 사원들은 매장 안에서만 생활하다 보니 밖의 상황을 잘 모르는 경우가 많다. 경쟁 상대를 의식하지 않을 뿐 아니라, 경쟁자에 대해 알고 있는 내용이라는 것이 고작 고객들한테 들은 얘기 정도다. 얕은 정보로는 승자가 될 수 없음에도 직접 경쟁 매장을 찾아가 눈으로 확인하는 일이 거의 없다.

영업 사원들에게 매장의 경쟁 상대가 어디인지 물어보면 쉽게 대답할 것이다. 그런데 그 경쟁 매장의 영업 정책, 즉 진열 방법, 판매 가격, 판촉 등에 대해서 물어보면 제대로 답할 수 있는 사람이 과연 몇이나 될까? 대답을 쉽게 못하는 것은 경쟁 매장을 방문한 적이 거의 없다는 증거다. 영업을 제대로 하려는 사람이라면 적극적으로 경쟁 매장의 정책들을 알아둘 필요가 있다. 자기 눈으로 보고 자기 귀로 들은 정보가 중요하다. 고객들이 전하는 경쟁 매장 정보는 그대로 믿지 말고 직접 확인을 해보라. 그런 정보는 대개 고객에게 유리하거나 부정확한 정보일 수 있기 때문이다. 정확한 정보를 알면 최선의 대응 방안을 마련할 수 있으며 판매에 성공할 확률이 높아진다. 경쟁 점포에 대한 시장조사 영역을 좀 더 확대하여 다른 업종 매장도 눈여겨볼 필요가 있다. 대형 마트나 편의점의 상품 배치, 의류 매장의 디스플레이, 화장품 매장의 색조, 식품 매장의 시연 등에서 자기 매장에도 적용할 만한 참신한 아이디어를 얻을 수 있기 때문이다.

우리 집 근처 재래시장에는 떡볶이집이 대여섯 군데나 있다. 그 중 시장 입구에 위치한 떡볶이집은 TV 방송을 탄 덕에 평일에도 길게 늘어선 줄을 볼 수 있었다. 방송에 나왔다는 작은 현수막이 걸려 있어 고객들은 그 집을 집중적으로 찾았다. 그런데 몇 달이 지난 후에 보니 그 집보다는 이웃 떡볶이집이 더 번성했다. 상대방의 영업 전략을 간파하고 적절한 대응을 했기 때문이다.

방송에 나온 집은 노부부가 운영하는데, 밀려드는 고객을 상대하기엔 손이 달렸다. 나이 들어 돈벌이에 욕심이 덜했을까? 사람들은 주말에 몰리는데도 일요일이면 문을 닫았다. 그런데 이 사실을 모르고 일요일에 방문한 고객들은 영업하는 이웃 가게로 몰렸다. 이가게는 온 가족이 총출동하여 고객들을 상대하면서 좋은 이미지를 심어주었다. 사실 떡볶이 맛이야 차이가 나면 얼마나 나겠는가? 방문했을 때 좋은 인상을 받고 기분 좋게 먹으면 되는 것이다. 자리가 넉넉하고 먹거리가 풍부한 데다가 친절하기까지 하니, 맛집이 아니더라도 가족이나 친구들끼리 주전부리하기엔 충분했다. 입소문은 순식간에 변해버렸다.

한편 영업 사원 개개인도 자신의 경쟁 상대가 누군지를 알고 있어야 한다. TV를 담당하고 있다면 지역 내 최고의 TV 영업 사원을, 컴퓨터 제품을 담당하고 있다면 최고의 컴퓨터 영업 사원을 알아두자. 시간 나는 대로 그 매장에 들러 1등 사원이 하는 행동을 잘 관찰해보라. 고객을 대하는 태도와 자세, 말씨는 물론 상품의 진열 방법, 상품을 설명하는 요령 등을 보면 잘 파는 비결이 보일 것이다. 프로 세일즈맨이라면 경쟁 매장 최고의 사원과 겨뤄 이겨보겠다는 자세가 필요하다. 영업 사원 한 사람 한 사람이 1등이 되면 자연스럽게 매장도 그 지역에서 1등이 될 수 있다.

정기적으로 경쟁 매장의 정보를 수집하여 충분한 대비책을 갖추자. 또한 영업 사원이라면 지역 내 최고의 영업 사원이 돼라.

매장 영업의 성패는 직원의 손에 달려 있다

성공한 사업가들이 사람의 중요성을 강조하는 데는 다 이유가 있다. 매장 영업의 성패도 직원들 손에 달려 있다. 점장의 생각과 의도대로 성과를 내려면 매장 환경과 운영 체계가 뒷받침되어야 한다. 하지만 더 중요한 것은 이를 실행하는 직원들이다. 사실 점장이 모든 활동을 다 할 수는 없다. 현실적으로 직원들이 점장의 역할을 나누어 수행해야 한다. 이때, 최소한 직원들의 생각과 행동이 점장과 같은 궤를 달려야만 성과를 기대할 수 있다. 점장 수준의 직원들을 양성하기 위해서 교육과 훈련에 시간을 투자하라. 그리고 직원들이 분발할 수 있도록 제도로써 뒷받침하라. 공평한 기회를 부여하고 평가의 객관성을 확보하라. 질책하기는 쉬워도 칭찬하기는 어렵다. 사소한 일에도 칭찬을 아끼지 마라. 직원들이 헌신하기를 바란다면 내 편으로 만들 일이다.

혹시라도 직원들 업무에 차질이 생긴다면 이유를 찾아보자. 능력 부족이 아니라 개인 사정 때문일 수도 있다. 머리가 복잡하고 마음이 불안하면 고객 응대가 흐트러지고 실수와 허점을 보이게 마련이다. 고민이 해결 안 되는데 잘하기만을 바란다고 될 일이 아니다. 그런 경우엔 고민을 해결하도록 도와주는 게 먼저다. 직원들에게 애정이 없다면 할 수 없는 일이다. 평소에 대화의 장을 열어놓고 직원들과 적극 교류하라. 소통을 하다 보면 자연스럽게 그들의 생각을 읽고 의견을 들을 수 있다. 문제는 일단 노출되면 의외로 쉽게 해결 방안을 찾을 수 있다.

점장은 직원들의 작은 움직임도 예사롭게 넘기지 않는 특별한 관찰력을 가져야 한다. 만약에 직원들 중 한 명이라도 점장의 생각이나 의도와 다르게 행동한다면, 팀워크가 무너짐은 물론 매장 전체에 치명적인 결과를 가져올 수도 있기 때문이다. 직원들의 흐트러짐 없는 움직임은 점장의 관심과 애정에 비례한다.

일일이 시키느니 차라리 내가 하고 말겠다?

인재의 중요성을 알고 있는 CEO는 기업의 성장을 책임질 인재를 구하는 데 적극적이다. 점장 역시 뛰어난 부하 직원을 데리고 있으면 성과를 내기가 더 쉽다. 어떤 이는 점장의 의무 중 하나로 부하 육성을 꼽는다. 점장이 구상한 대로 충분한 성과를 내기 위해서는 이를 이해하고 실천할 수 있는 직원이 있어야 한다. 그런 수준의 부하 직원이 없다면 성과는 언제나 100퍼센트 미만이다. 뛰어난 부하 직원이 있으면 여러모로 좋은 점이 있는데, 성과도 잘 나올 뿐더러 다른 사람들이 자극받아 매장 전체가 잘되는 상승효과도 생긴다.

별명이 일벌레인 점장이 있다. 부지런하기로 소문난 그는 항상 바쁘다. 전화통을 붙잡고 통화를 하면서 다른 일을 할 때도 많다. 일을 하다 보면 가끔은 점심을 거르기도 하고, 밀린 업무 때문에 퇴근이 늦어지는 일도 흔하다. 그런데 점장이 이렇게 성실히 근무하는 매장임에도 성과는 사실 시원찮다. 그가 바쁜 것은 직원들을 못 미더워하기 때문이다. 시키느니 차라리 내가 하고 말겠다는 생각이 앞선다고 한다. 리더로서 매장 전체를 통솔하는 게 아니라 한 사람의 영업 사원이 되어 바쁠 뿐이다.

이렇게 되어서는 절대 안 된다. 점장은 자기를 대신할 직원들을 두고 있어야 한다. 못 미더워도 직원이 해야 할 일과 점장이 해야 할 일을 구분해야 한다. 점장의 역할은 영업 사원과는 확연히 다른 것이기 때문이다.

점장 본연의 역할을 하려거든 부하 직원을 적극적으로 육성하라. 영업 사원의 관리 능력을 키우고, 중간 관리자가 리더 자질을 갖출 수 있도록 훈련하라. 점장이 자리를 비워도 아무런 걱정이 없을 만큼 믿을 만한 직원들을 키워라. 직원들이 성장하면 성장할수록 매장의 성과는 높아지고 점장은 더욱 편해질 것이다. 부하 직원의 능력을 못 미더워하거나 의심이 많은 리더는 부하 직원을 육성하지 않고 모든 일을 혼자 하려고 한다. 혼자서 하려고 하니 일에 파묻혀 바쁘기만 할 뿐 능률은 오르지 않는다.

효율적으로 일을 하고자 한다면 직원에게 권한을 위임하라. 최근에는 업무의 효율성과 직원 육성 측면에서 권한 위임이 강조되고 있는 추세다. 권한을 위임하면 직원들은 스스로 의사 결정을 하고, 이에 따라 자신감도 생기게 된다. 다만, 권한을 위임하려거든 사전에 업무를 명확히 규정하라. 예를 들어, 매장 청소를 잘하라고 얘기하면 서로 미루다가 청소를 하지 않게 되지만 청소 구역을 정하여 누구더러 책임지라고 하면 해당 구역이 깔끔해지는 것과 같다.

청소, 조회 운영, 교육, 상품 매입, 재고 관리, 매장 디스플레이, 판촉 등 해야 할 업무들이 많을수록 역할을 명확하게 할 필요가 있다. 역할에 따라 담당자에게 권한을 부여하면 책임 소재가 분명해진다. 성과를 내기 위해 많은 아이디어를 내면서 성취감도 느끼게 된다. 한편, 권한을 위임한 후에는 부하 직원이 실패하더라도 질책보다는 격려하는 게 중요하다는 점을 명심하라.

판매 성공률②:

정보 과잉 시대,
고객은 의지하고 싶어 한다

매장을 방문하는 고객들은 구매하려는 상품이 비싼 것이거나 중요한 제품[07]일수록 여러 가지로 고민을 하게 된다. 때문에 구매 결정을 하기까지 다양한 경로를 통해 상품이나 매장에 대한 정보를 입수한다. 다만, 정보가 아무리 많아도 이것을 제대로 판단할 능력이 적다. 그래서 고객들은 영업 사원에게 의존하게 되는데, 이는 영업 사원의 정보가 신뢰성이 높다고 판단하기 때문이다.

모든 고객이 다 그런 것은 아니지만, 대부분의 고객은 영업 사원

---

[07] 특정 제품에 대한 개인적 중요성이나 관심도의 수준을 '관여도'라고 하며, 그 수준에 따라 저관여, 고관여 제품으로 나눈다. 고관여 제품은 가격이나 중요도가 높은 제품으로 잘못 구매했을 때 위험이 큰 제품이다.

이 자신의 가려운 곳을 긁어주고 신속하게 의사 결정을 내릴 수 있도록 확신을 심어주기 바란다. '나를 리드해주세요. 당신 말대로 하겠습니다.' 고객의 마음이 이런 상태이므로 영업 사원은 자신 있게 고객을 리드하면 되는 것이다.

대형 TV를 사려고 하는 고객에게 거실을 홈시어터로 꾸미게 제안하여 성공한 케이스가 있다. 대형화된 LED TV가 경쟁적으로 출시되던 때인데, 그 당시 60인치가 넘는 제품들은 가격도 비싸고 너무 커서 판매하기 쉽지 않았다. 어쩌다 판매가 이루어지면 우수 고객 관리 차원에서 제품이 설치된 현장을 사진으로 남겼다. 그런데 어떤 매장에서는 이런 사진으로 앨범을 만들었다. 고객의 거실에 설치된 TV와 오디오 사진으로 홈시어터 앨범을 제작, 판매 도구로 활용했다. 대형 TV를 구입하려는 고객들은 단순히 TV를 보기보다는 거실을 안락한 홈시어터로 꾸며서 음악과 영화를 감상하고 싶어 하는데, 그런 속마음을 읽은 것이다. 앨범의 효과는 기대 이상이었다. 상담을 할 때 앨범을 펼치고 고객의 거실도 이렇게 꾸미는 게 어떠냐고 제안하였더니 고객들은 자기만의 홈시어터를 상상하면서 기꺼이 구매했다.

최적의 공부방 공간을 꾸며놓고 판매에 성공한 사례도 있다. 학생들이 매우 힘들어하는 것 중 하나가 더위와 소음이다. 시원함과 방음을 동시에 해결할 수 있는 것이 멀티에어컨이었다. 거실용 스탠드 에어컨의 실외기에 공부방용 벽걸이 에어컨을 추가하여 거실과 공부방을 따로 냉방한다. 그에 더해 인터넷 강의로 학습을 돕는 컴퓨터, 눈의 피로를 덜어주는 LED 조명, 휴식을 위한 오디오, 헤드폰 등으로 꾸며진 공부방 모습에 부모들은 기꺼이 돈을 지불했다.

영업 사원은 고객보다 항상 앞서가야 한다. 일본 모 양판점에서는 '고객에게 항상 안락하고 편리한 생활을 제안하는 것'이 영업 사원의 역할이라고 가르친다. 영업 사원은 그저 상품을 파는 사람이 아니라 제품을 통해 즐거운 삶을 영위할 수 있도록 고객을 도와주는 '생활 제안자', '라이프 컨설턴트'가 되어야 한다고 강조한다. 앵무새처럼 누구나 아는 상품 지식을 말하기보다는 고객의 생활에 편익을 주는 제안을 하라. 진정한 생활 제안자가 되었을 때 당신의 매출은 늘어나게 된다는 것을 명심하라.

고객이 직접 체험하게 하라

매장에 오는 모든 고객을 영업 사원들이 한 사람씩 상담해줄 수 있으면 얼마나 좋을까. 그러나 매장에서 영업을 하다 보면 그렇지 못할 때가 빈번하다. 하루 중에도 고객이 집중적으로 몰려들 때가 있고, 요일별로도 한가한 날과 정신없이 바쁜 날이 있다. 더구나 세일 기간에는 고객이 일시적으로 몰려들어 경황이 없기 때문에 일일이 응대하기가 쉽지 않다.

이럴 때는 고객들이 스스로 문제를 해결하게 하자. 고객이 보고,

듣고, 만지고, 느껴서 스스로 제품을 이해하게 하는 것이다. 말하자면 매장을 체험 공간으로 꾸미는 것이다. 백문이 불여일견이라는 말이 있다. 아무리 많은 얘기를 들어도 단 한 번의 체험에서 오는 이해와 강렬한 자극을 뛰어넘을 수는 없다. 체험은 구매 결정을 앞당기는 촉매제 역할을 한다.

가전 매장의 TV는 켜져 있을 때 화려하고 다양한 내용을 보여준다. 그런데 만약 매장에 진열된 TV가 꺼져 있다고 생각해보라. 어둡고 칙칙한 매장에 놓인 TV는 제품 가치가 덜해 보인다. 더구나 화질에 대한 궁금증을 말로 이해시키기는 어려운 일이다. 가끔 전기 요금을 아낀다고 꺼놓는 경우가 있다. 이 경우 얻는 것보다 잃는 것이 많다는 사실을 알아야 한다. 진열 제품을 새 제품인 양 속여 팔 의도가 아니라면 구매를 자극하는 도구로 최대한 활용하자. 진열 제품은 고객의 구매 욕구를 자극하기 위한 것이다. 진열 위치, 배경과 소품의 연출, POP의 내용은 물론 조명까지도 철저한 계산에 따른다. 진열 제품의 목적은 하나를 희생해서 더 많은 제품을 파는 데 있다.

냉장고를 보자. 실제 부엌에 있는 것처럼 냉장고를 꾸며놓으면 고객은 굉장히 친숙함을 느낀다. 주부라면 냉동실, 냉장실의 각 칸마다 가지런히 정리된 내용물을 보면서 그런 냉장고를 갖고픈 꿈을 꾸지 않겠는가? 상담을 하지 않아도 저절로 갖고 싶은 마음이 들 것이다. 오븐레인지에 팝콘을 튀겨 그릇에 담아놓으면 고소한 냄새가 코끝을 자극하고, 맛있는 요리로 가족을 기쁘게 해주고 싶다는 생각이 절로 떠오르게 된다. 믹서에 담긴 여러 가지 과일 모형을 볼 때 한여름 시원한 주스를 상상하게 된다. 오디오가 들려주는 아름다운 음악에 기분이 상쾌해지고, 손끝으로 카메라 셔터를 누르며 즐거운 여행을 꿈꾸게 되는 것이다.

나는 백화점이나 할인점에 가면 반드시 식료품 매장에 들른다. 식료품 매장 곳곳에 있는 시식 코너에서 음식을 조금씩 맛보는 재미가 쏠쏠하다. 둘러보다가 즉석에서 구매하기도 한다. 코를 자극하는 냄새와 혀에서 느껴지는 풍미는 구매 의욕을 일으키는 대표적인 요소이다. 요즘은 체험 마케팅이 컬러 마케팅, 향기 마케팅으로까지 확대되고 있다. 고객의 오감을 동원하는 일이 때론 영업 사원의 상담 이상으로 효과를 낸다. 굳이 말로 설명하지 않고도 고객 스스로 구매 결정을 하게 만드는 방법이다. 매장을 체험의 장으로 만들면 고객 스스로 판단을 하고 구매를 결정하는 효과가 있다.

상담을 마친 고객들이 최종적으로 구매에 이르도록 해야 한다. 이를 위해 판매 성공률을 높이는 활동들을 해보자. 상담 능력을 높이기 위한 다양한 교육, 경쟁 점포의 정보 파악, 고객에 맞는 제안 영업, 오감을 자극하는 체험 공간이 되도록 매장을 꾸며보자.

재구매율①:
언제나 사람이 끊이지 않는
매장의 공통점

장사가 잘되는 매장을 보면 한번 인연을 맺은 고객들이 계속해서 찾아준다는 공통점이 있다. 연구 자료에 의하면 신규 고객을 확보하는 데 드는 비용보다 기존 고객을 관리하는 데 드는 비용이 훨씬 적다고 한다. 또한 고객 한 사람이 일생 동안 구매하는 금액(평생고객가치)을 고려할 때 기존 고객의 유지와 재구매를 자극하는 일이 매우 중요하다는 것을 알 수 있다. 이처럼 비용 측면에서나 평생고객가치 측면에서 이미 확보된 고객들과의 관계를 돈독히 하는 일은 중요하다.

거래가 끝난 후
진검승부가 시작된다

영업이 시원찮은 매장은 직원들이 고객을 대하는 태도에서도 그 원인을 알 수 있다. 고객을 뜨내기 손님처럼 막 대하는 것은 물론이고, 사고 싶으면 사라는 식으로 배짱 영업을 하기도 한다. 이런 매장에서 고객은 단순히 거래의 대상일 뿐 그 이상도 그 이하도 아니다. 고객은 자기가 필요하면 오는 것이고 필요 없으면 안 오는 것이라고 생각한다. 그러나 경쟁이 치열한 영업 전선에서 고객은 '갑'이고 매장은 '을'일 수밖에 없다. '사랑은 움직이는 거야'라는 유명한 광고 카피처럼, 고객은 언제든 움직일 수 있는 존재다. 막 대할 것이 아니라 잘 모셔야 하는 대상이다. 언제부턴가 고객은 만족하는 수준을 넘어 감동을 기대하게 되었으며, 특별히 기억할 만한 경험을 요구하고 있다. 이렇게 점점 까다로워지고 쉽게 움직이는 고객을 우리 매장에서는 어떻게 대하고 있을까?

한번 인연을 맺은 고객이 반복적으로 우리 매장을 찾게 하고 다른 매장으로 떠나지 않게 하려면 고객에게 지속적인 관심을 보여주어야 한다. 즉, 여러 가지 방법으로 고객과 끊임없이 소통하는 것이다. 고객이 관심을 가지는 상품이나 서비스에 대한 정보 제공, 기념일 축하 메시지, 계속 이용해주는 데 대한 감사 메시지, 이런 것들이 고객과의 끈을 지속적으로 이어가게 한다. 이렇게 고객과 연결하는 전화나 문자를 통틀어서 '해피콜'이라는 이름으로 불러보자. 해피콜은 적은 비용으로 고객에게 여러 가지 메시지를 주면서 신뢰를 얻는 방법이다. 물론 해피콜이 효과를 내기 위해서는 내용이 고객에게 유용한 것이어야 한다. 세일즈를 목적으로 하는 해피콜은 역효과를 내기 쉽기 때문이다. 가전 매장에서 흔히 하는 해피콜을 예로 들어보자.

- 고객님, 구입하신 제품은 제대로 설치되었나요?(구매 후 1~3일 경과)
- 고객님, 사용하시는 데 불편하시거나 제품에 대해 궁금한 점은 없으신가요?(구매 후 1개월 경과)
- 고객님, 무료 AS기간이 다 되어가는데 혹시라도 이상이 생기면 연락해주세요.(구매 후 11개월 경과)
- 고객님, 원하시던 신상품이 출하되어 안내해드립니다.(신상품 출하 시)
- 고객님, 우수 고객을 특별히 우대하는 이벤트를 준비했습니다.(우수 고객 초청 행사 시)
- 고객님, 특별한 날을 축하드립니다.(생일 또는 결혼기념일 등)
- 고객님, 명절을 맞이하여 가정에 기쁨과 희망을 기원합니다.(추석, 설날, 신년 인사)

간단한 예를 들었지만 일상적으로 고객과 소통할 수 있는 아이디어는 얼마든지 있다. 자녀의 입학, 졸업 그리고 결혼, 출산, 취업, 승진, 입주 등 축하할 일들이 많은데, 이런 정보는 고객과의 관계가 단단해질수록 많아진다. 신상품의 출시, 서비스의 개시나 변경은 물론 매장의 개업 기념일, 매출 기록 돌파 기념, 목표 달성 기념, 우수 매장 선정 기념 등도 좋은 소재가 된다. 우리 매장의 상황에 따라 활용할 만한 것들을 찾아 실천해보자. 고객의 웃음소리가 매장을 채우고, 매출 오르는 모습이 눈에 보일 것이다.

존재감이 희미한 시대에 사는 오늘날, 고객들은 누가 자기를 알아준다는 사실에 작은 감동을 느낀다. 필요한 제품을 샀을 뿐인데 잊지 않고 세세하게 신경 써주어서 고마워하고, 다시 방문했을 때 매장에서 기억하고 먼저 인사해주면 기뻐하고 감동한다. 이처럼 사소한 관심이지만 만족을 주고 감동을 일으키는 매장에 다시 오지 않고 배길 수 있겠는가?

혜택이 있어야
다시 온다

작은 감동만으로 모든 고객을 영원히 붙들어둘 수 있다면 얼마나 좋을까? 요즘은 대부분의 기업이나 매장이 고객 만족을 기본 모토로 삼고 있기 때문에 이것만으로는 고객을 붙잡기에 역부족이다. 고객들도 점점 더 깐깐하게 이익을 따지고 있다. 지속적인 거래에서 금전적 혜택을 받을 수 있느냐 없느냐는, 고객이 매장을 선택할 때 매우 현실적으로 고려하는 요소가 되었다. 매장 입장에서는 적은 영업 이익 중 일부를 고객에게 환원하는 일이 힘들 수도 있을 것이다. 그러나 인근 경쟁 매장에서 고객에게 금전적 혜택, 예를 들어 구매 금액에 따른 포인트나 마일리지를 적립해준다면 우리 매장이 따라하지 않을 방도는 없다. 그러니 사업은 긴 안목에서 보아야 한다. 당장 눈앞의 이익에 연연하다가 고객을 놓치고 나면 다른 방도를 마련하기가 어렵다는 것을 알아야 한다. 오히려 경쟁자보다 선제적 방안을 마련하는 것이 나을 수도 있다. 특히 대기업을 등에 업은 매장과 경쟁해야 하는 경우 차별화 지점을 달리할 수밖에 없다.

대치동 E 아파트 주변에는 정육점이 두 집 건너 있을 정도로 많다. 매장들이 고만고만하고 맛도 비슷비슷하다. 그럼에도 어떤 정육점은 단골들로 북적댄다. 그 이유는 이 가게만의 고객 보상 프로그램에 있다. 이 정육점은 이용할 때마다 금액에 따라 스티커를 나눠 주는데, 이것을 20장 모아 오면 돼지고기 한 근을 무료로 준다. 스티커를 모으는 일이 쉽지는 않으나 고기가 신선하고 맛이 있는 데다가 재미까지 더하니 마니아 층이 형성되었던 것이다. 정육점 주인 총각의 정감 있는 접객 태도도 주부들 사이에서 인기를 모은 요인이다.

흔한 예로 커피숍이나 미용실 같은 데서는 쿠폰을 발급하고 일정 횟수를 이용하면 무료로 이용할 수 있게 해준다. 가전 매장이나 대형 마트, 백화점 같은 곳에서는 구입 금액에 따라 포인트를 부여해서 현금처럼 이용할 수 있게 한다. 이런 혜택 때문에 고객들은 다른 매장으로 옮겨 가지 않고 같은 매장을 이용하게 되는 것이다. 신용카드도 마찬가지다. 한 사람이 몇 개씩 소지할 정도로 난립하고 있지만, 자주 쓰는 건 혜택이 가장 많은 카드이다.

업종에 따라 다르기는 하지만, 일반적으로 고객은 금전적 유혹에

약하다. 영원한 충성심을 기대할 수 없다. 무료 샘플, 할인 쿠폰, 캐시백 등은 즉각적인 반응을 유발하며, 포인트 제공, 연회비 할인 같은 방법은 지속적 관계 유지에 효과적이다.

세일즈왕, 보험왕으로 선발된 사람들의 인터뷰를 보면 공통적인 내용이 있다. 단골 고객이 많다는 것, 그리고 자기 수입의 일정 부분을 고객들에게 환원한다는 점이다. 최근에는 환원에 대한 개념도 바뀌어서 고객이 직접 혜택을 받지 않고 사회적 약자를 위해 기부하려는 사례가 점차 늘고 있다. 이런 트렌드를 반영하여 고객의 참여를 적극적으로 유도하는 것도 좋다. 음식을 기부하는 '미리내 가게'나 생산자를 돕는 '공정 무역 커피'같이 사회에 기여할 기회를 주는 것도 고객을 감동시키는 좋은 아이디어이다.

단골 고객은 우리 매상을 지탱하는 힘이다. 한번 맺은 인연을 어떻게 이어갈지에 대해 진지하게 고민하자. 고객 배려만으로 붙잡을 수 없다면 돈의 힘을 써서라도 붙잡아야 한다. 일단 단골이 되고 나면 그들이 우리 매장에 두고두고 기여할 것이며, 그 기여가 생각보다 크다는 것을 명심하자.

고객이 불만을 제기할 때는 처음 3분간이 중요하다

변화를 읽고 대처하는 능력은 매장을 경영할 때 갖춰야 할 매우 중요한 요소다. 특히 점장은 점포와 관련된 환경 변화를 누구보다 예리하게 관찰해야 한다. 고객과 경쟁 매장의 변화, 매장의 상태와 직원들의 움직임을 속속들이 알고 있어야 한다. 고객들의 미세한 움직임이 폭풍의 전조일 수도 있다. 하인리히 법칙이란 게 있다. 안 좋은 일이 발생하려면 수십 번에 걸쳐 징조가 나타난다고 한다. 매장에서 발생하는 어떤 사소한 일이라도 가볍게 넘기지 말자. 매처럼 날카로운 눈으로 현상을 관찰하는 습관을 가지자.

점장은 누구보다 고객에 대해 잘 알아야 한다. 최근 고객들은 전통적인 대중 소비 개념에서 벗어나 개별 소비 성향을 강하게 보인다. '고객 만족'을 넘어 '고객 감동' 차원의 기대치를 가지고 있으며, 단순히 기능적인 것보다는 생활을 풍요롭게 하고 가치 향상에 도움 주는 제품을 선호한다.

고객의 욕구가 무엇인지를 알려면 그들의 생활 방식이나 구매 성향을 잘 파악하고 있어야 한다. 고객들이 최근 어떤 것을 선호하는지 알기 위해서는 유행에 관심을 가지고, 또한 기꺼이 경험할 필요가 있다. 수시로 백화점이나 대형 마트, 전문 매장들을 둘러보며 변화를 체험하라. SNS에서 가장 뜨거운 이슈와 키워드를 날카롭게 포착하라. 시간 여유가 있다면 스타트업들이 관심을 가지는 시장과 고객 욕구를 살펴보는 것도 유용하다.

매장에서는 직원들이 고객과 상담하는 상황에 관심을 가져라. 상담이 실패했을 때는 반드시 그 사유를 알아보라. 다음번에 똑같은 실패를 반복해선 안 되기 때문이다. 고객들의 동선을 파악해보고 고객의 눈길이 자주 가는 상품에 주목하라. 이런 상품은 판매로 이어질 가능성이 높으니 재고를 충분히 확보해야 한다.

고객의 속마음을 알아보는 가장 쉬운 방법은 직접 대화하는 것이다. 한두 명의 의견이 고객 전체를 대변하지는 않지만, 이는 전장의 나팔수와 같다. 고객의 소리는 많이 들을수록 좋다. 어떤 방법으로든 고객의 소리를 수집하려고 노력하라. 판매 현장이 생동감 있는 이유는 직접 고객을 대하면서 여러 가지를 파악할 수 있기 때문이다. 고객의 소리에는 서비스와 상품에 관한 칭찬이나 불만 외에도 고객들의 욕구, 제안이 포함된다. 고객이 원하는 수준에 맞출 수만 있다면 영업은 술술 풀리지 않겠는가? 그러므로 유능한 점장은 적극적으로 고객의 소리를 듣는다.

고객 불만의 원인에만 초점을 맞출 때 놓치는 것

고객 불만에 대한 기업들의 대처 방식이 달라지고 있다. 예전에는 불만을 회피하거나 요구 사항 해결에 주력했다면, 최근엔 충성도를 제고할 수 있는 새로운 기회로 여기고 있다. 그럼에도 불구하고 현장에서 고객 불만을 처리하는 데는 항상 어려움이 따른다. 막무가내로 고함부터 치는 사람, 책임자만 요구하는 사람, 말도 안 되는 요구를 내세우는 사람, 위협적 태도로 분위기를 압도하는 사람 등 대하기 껄끄러운 사람들이 불만 처리를 부정적, 소극적으로 보게 하는 데 일조한다.

고객이 불만을 제기할 때는 최초 3분 간이 중요하다. 문제 해결의 열쇠는 이 초기 대응에 있다. 하지만 최초 대응에 대한 고객 만족도가 매우 낮은 게 현실이다. 문제 해결보다는 회피하려 들거나 책임을 전가하려 들기 때문이다. 고객 불만 해결에 적극적으로 나서라. 고객 관리 측면에서도 비용을 훨씬 적게 들이면서 고객 이탈을 방지하는 방법이다.

불만 처리는 어디까지가 그 경계인가가 항상 고민이다. 원하는 것을 해결해주면 그만일까? 매장에서는 어떤 문제가 발생했을 때 잘못 대처하여 일이 커지는 것을 상당히 두려워한다. 그래서 대개는 문제의 원인에만 초점을 맞추어 해결하려고 한다. 틀렸다고 할 수는 없다. 하지만 사실 문제의 원인보다는 문제를 제기하는 고객의 의중을 파악하는 일이 더 중요하다. 단순히 문제 해결을 원하는 것인지, 고객으로 인정받기를 원하는 것인지, 아니면 대화를 하고 싶은 것인지 알아야 한다. 단순히 문제의 원인을 해소함으로써 고객이 만족할 수도 있다. 그러나 고객에게 감동을 주려면 고객이 추구하는 근본적인 목적, 다시 말해 고객의 의도를 제대로 인식하고 그것을 해결해야 한다.

문제 해결에 적극적으로 대응하자. 고객 감동은 고객 내면의 소리를 읽는 것이다.

재구매율②:
고객은 사소한 것으로
평가한다

사업하는 사람에게 가장 중요한 덕목이 뭐냐고 하면 대부분 첫손가락에 꼽는 게 '친절'이나 '신용'이다. 매장 영업에서도 가장 기본적으로 갖춰야 하는 것은 친절이다. 친절이 몸에 배지 않은 사람은 마음에서 우러나오는 접객을 할 수가 없다. 그런데 한 번이라도 친절을 경험한 사람은 절대로 그 기억을 잊을 수 없는 법이다. 항상 웃는 얼굴, 공손한 응대, 조곤조곤한 말투, 단정한 복장은 친절을 연상케 하는 익숙한 모습이고, 이런 모습은 매장의 첫인상을 결정하는 중요한 요소이다. 첫인상은 매장을 곧장 떠올리게 하는 강렬한 이미지이며, 고객들의 기억 속에 오래도록 잔상으로 남게 된다.

마트나 백화점에 갔을 때 제일 먼저 만나는 안내원의 상냥한 표정을 기억한다면 다음에 그 매장에 다시 들를 확률이 높다. 반대로 입구에서부터 불쾌한 기억을 갖게 된다면 다시 가려고 할까? 어떤 영업 사원은 날마다 출근하기 전에 거울을 보고 웃는 연습을 수십 번씩 한다고 한다. 좋은 첫인상이 중요하다는 것을 잘 알기 때문이다. 그저 '고객 만족' 구호를 외치고, 벽마다 '고객은 왕'이라는 표어를 붙여놓는 게 다가 아니라 직원들 몸에 배게 만드는 게 중요하다.

친절한 매장이라고 하면 열 사람 중 몇 사람이 친절해야 할까? 사실 열 사람 중에 한 사람만 불친절해도 그 매장은 불친절한 매장이다. 고객 만족은 100 아니면 0, 모 아니면 도다. 90퍼센트 만족이라는 게 없다. 매장을 운영하는 사람이라면 매일매일 직원들의 몸에 친절이 배도록 훈련을 하라. 직원들에게 고객 만족을 세뇌시켜라. 조회 시간에 반복적으로 고객 감동 구호를 외치고, 인사 연습을 하고, 복장이 단정한지를 점검하라.

영업에서 가장 기본적인 것이 친절이라면, 사업하는 사람이 갖추어야 할 첫 번째 덕목은 신용이다. 정주영 회장은 '사업은 망해도 다시 일어설 수 있지만, 사람은 한번 신용을 잃으면 그것으로 끝이다'라고 신용의 중요성을 얘기했다. 그러므로 고객과는 사소한 약속이라도 어기지 않도록 해야 한다. 지점장 시절 거래처를 다니다 보면 가끔 민망한 장면이 눈에 띄었다. 매장에서 고객이 불만을 드러내며 소리치는 모습이다. 상담하면서 무슨 사은품을 주기로 했는데 여태껏 받지 못했다거나, 배송일에 시간 약속을 지키지 않아서 볼일을 못 봤다는 불평들이다. 사소해 보이지만, 지키지 못할 약속들을 남발하고 이를 어겨도 가벼이 여기는 일은 '우리 매장은 신용이 없습니다'라고 드러내는 것이나 다름없다. 고객들이 우리 매장을 평가하는 기준은 이런 사소한 일이다. 뻔히 손해 볼 것을 알면서도 약속을 지키는 것이야말로 고객으로부터 신용을 얻는 길이고, 이것이 궁극적으로는 이익을 얻는 일이다. 신용이 있는 매장에 고객은 무한 신뢰를 보내고 팬이 된다.

영업뿐 아니라 인생에서도 친절과 신용은 중요한 덕목이다. 상대방에게 친절하다고 내가 무작정 손해를 보는 것은 아니며, 장기적으로 볼 때 신용이 성공을 담보해준다는 사실을 명심하자.

왜 그들은 재구매를 하지 않을까?

한 번 구매를 한 이후로 재구매를 하지 않는 고객이 있다. 몇 번 반복 구매를 하다가 어느 순간부터 거래를 하지 않는 고객도 있다. 이처럼 인연을 맺었음에도 불구하고 반복 구매를 하지 않는 고객을 잠자는 고객, 휴면 고객이라고 한다. 매장에서 착각하기 쉬운 것 중 하나가, 한 번 거래한 고객은 영원히 자기 고객인 줄로 아는 것이다. 그렇다면 이런 휴면 고객은 왜 생기는 것일까? 가장 큰 이유로 꼽을 수 있는 것은, 구매 과정에서 만족을 느끼지 못한 경우다. 연구에 의하면 불만족한 고객 중 직간접으로 의사 표현을 하는 경우는 매우 드물다고 한다. 대부분은 불만을 가슴속에 묻어둔 채 더 이상 거래를 안 하게 된다. 매장은 영문도 모른 채 고객을 잃는 셈이다. 또 다른 이유는 고객에 대해 무관심하여 재거래 동기를 부여하지 못한 것이다. 이 경우, 고객들은 더 좋은 조건을 제시하는 경쟁 매장이 나타나면 쉽게 떠나간다.

대개 매장의 관심사는 신규 고객 확보에 집중된다. 그러나 기존 고객과 거래를 계속하는 것이 신규 고객 확보보다 마케팅 비용 측면에서나 매장의 이익 측면에서 훨씬 유리하다. 휴면 고객을 깨우는 일은 그래서 중요하다.

휴면 상태의 고객이 자연스럽게 재구매에 이르는 일은 네 명 중 한 명, 즉 25퍼센트 정도밖에 안 된다고 한다. 그런데 이들에게 접촉을 시도하면 어떤 일이 일어날까? 불만 고객들의 경우 불만족을 토로할 수 있는 기회를 가진 것만으로도 마음이 누그러지고, 접촉이 전혀 없을 때보다 매장으로 돌아올 확률이 두 배나 높다고 한다. 또한 불만을 느낀 고객은 부정적인 소문을 내고 다닐 수도 있는데, 이를 미리 방지할 수도 있다. 매장의 접촉 시도가 자신에 대한 관심으로 비치기 때문에 고객은 나쁜 소문 대신 좋은 이미지를 전하려 한다. 무엇보다도 매장 입장에서 고객과의 관계를 되돌아보고 무엇이 잘못되었는지 근본적인 문제를 알 수 있으며, 그 잘못을 고침으로써 똑같은 일을 되풀이하지 않을 수 있다.

이런 사례가 있다. 캘리포니아 화장품 회사가 여름 비수기에 휴면 고객 열 명 정도에게 전화를 걸어 구매하지 않은 이유를 물어봤다. 그저 그뿐인데 그중 여덟 명이 즉석에서 화장품을 주문했다. 고객들은 너무 바쁘거나 카탈로그를 잃어버려 주문을 못하고 있었는데, 영업 사원한테 전화가 오자 즉석에서 주문을 한 것이다. 이것은 무엇을 의미하는가? 고객은 구매 의도가 있어도 어떤 계기가 마련되지 않으면 즉각 행동에 옮기려 하지 않는다는 것이다. 이처럼 고객 접촉 활동은 구매 의도를 행동으로 옮기도록 도와주는 역할도 한다.

매장을 운영하는 책임자는 '매년 얼마나 많은 신규 고객이 생기는가'에 관심을 가져야 하지만 '얼마나 많은 고객을 잃고 있는가'에도 관심을 가져야 한다. 고객을 잃는다는 것은, 매장이 그 고객으로부터 신뢰받지 못한다는 말이다. 더구나 신규 고객을 창출하는 비용보다 기존 고객을 유지하는 비용이 훨씬 저렴하고 향후의 기대 가치도 훨씬 크다고 하지 않는가? 지금 당장 기존 고객 중 잠자고 있는 고객을 파악해보고, 재거래를 할 수 있는 방안이 무엇인지를 고민해보자.

한번 구매한 고객이 지속적으로 우리 매장을 이용하게 하기 위해 재구매율을 높이는 활동을 해보자. 해피콜과 같은 고객과의 소통, 금전적 혜택, 친절과 신용 등 고객의 마음을 빼앗기 위한 노력들이 필요하다.

매출을 두 배 올리는 판촉은 어떻게 만들어지는가

판촉의 성패는 집객이 좌우한다. 얼마나 많은 사람이 호응하느냐에 따라 희비 곡선이 나뉜다. 바쁜 사람들의 시선을 잡고 발길을 붙들어 맬 수 있는 아이디어가 필요하다. 우리는 이것을 '고객 줄 세우기'라 한다. 줄 세우는 방법 중 하나가 땡 세일 품목으로 유인하는 것이다. 보통 땡 세일은 한정된 생필품을 반값 이하로 판매하여 충동구매를 유도하는데, 이렇게 해서 고객이 모여들면 자연스럽게 매장으로 이끌어 주력 상품의 매출을 올리는 게 목적이다. 요즘은 줄 세우기 방법이 보편화되어 좀처럼 유인 효과를 낼 수 없다고 한다. 고객 줄 세우기도 아이디어가 신선해야 성공하기 쉽다.

김포 지역의 한 가전 매장에서 판촉을 준비할 때 일이다. 그 매장은 도시와 농촌 중간쯤 되는 지역에 있다. 판촉을 준비할 때가 5월경, 고객들이 농사일에 바쁜 시기라 성공을 기대하지는 않았다. 미끼 상품으로 라면 세 개를 묶어 100원에 파는 것 말고는 특별할 게 없는 할인 행사였기 때문이다. 그런데 막상 행사 당일이 되니 사람들이 매장으로 몰려왔다. 농사일을 잠시 접어두고서라도 올 만큼 미끼 상품에 '필이 꽂혔기' 때문이다. 어쨌든, 비록 미끼 상품 때문이라 해도 어렵게 옮긴 걸음이다. 고객들은 자연스럽게 매장을 둘러보았고, 우리는 기대 이상의 매출을 올렸다. 미끼 상품으로 큰 성공을 이룬 사례였다.

가전 매장 판촉 행사 때 인기 있는 줄 세우기 아이템이 헌 프라이 팬, 냄비, 우산 등이다. 비싼 제품은 아니지만 못쓰게 된 생활용품을 새것으로 바꿔준다니 주부들의 관심이 얼마나 높았겠는가? 최근엔 고객 정보 입수를 목적으로 100퍼센트 당첨 문자 보내기 이벤트가 자주 활용된다. 간단한 사은품을 내걸고 시행하는 이벤트지만 줄 세우는 데 매우 효과적이다.

이처럼 좋은 아이템이 하나만 있어도 고객의 마음을 사로잡을 수 있다. 판촉 행사에서 고객 줄 세우기는 집객의 바로미터가 된다. 줄 세우기는 유행에 민감하고, 다른 업체에서도 모방하기 쉬우므로 매번 독창적인 아이템을 개발하는 것이 성공 열쇠다.

고객의 마음을 읽는 것이 먼저다

일찌감치 1년치 장사를 다 해버린다면 남은 기간은 얼마나 편안할까? 영업 사원으로서 가끔 꿈꾸던 일이다. 그런데 단 한 번의 판촉으로 이렇게 기적 같은 일이 벌어졌다.

1994년에는 유례가 없는 폭염으로 선풍기, 에어컨 등 냉방 기기가 일찌감치 동나버렸다. 늦더위에 팔 재고가 없어 아쉬움에 입맛만 다시고 있었다. 그래서 그해 겨울에는 미리 에어컨 예약을 받자는 아이디어를 내었고, 본사에서 정식 판촉으로 채택했다. 전국적으로 시행되었을 때, 다른 매장들은 행사 준비가 미처 안 되어 우왕좌

왕했지만 우리 매장은 아이디어 제공자답게 사전 예약 준비를 끝낸 상태였다. 한겨울에도 직원들은 쉴 틈 없이 바빴다. 그 결과, 그해 사상 최대의 성과를 낼 수 있었다.

김치냉장고는 한국형 가전의 대표적인 혁신 상품이다. 김장 문화에 혁명을 가져온 김치냉장고는 짧은 기간에 주부들의 필수품이 되었다. 덕분에 예전엔 가전 유통의 비수기였던 11월이 새로운 성수기가 되었다. 가전 업계의 경쟁이 치열하던 2000년 초, 남들과 차별된 판촉을 고민한 끝에 김치냉장고 판촉을 준비하게 되었다. 그해 8월부터 밑작업을 시작한 이 판촉은 일찍 준비하는 만큼 위험 부담도 컸다.

이 판촉을 8월부터 준비한 배경은 이렇다. 김장 수요와 김치냉장고의 수요는 상관관계가 매우 높다. 똑같은 패턴으로 움직인다고 보면 된다. 사실 김장 수요는 그해 김장 배추 농사에 따라 변화가 심했다. 그만큼 배추 농사의 작황이 김치냉장고 판매에 중요했다. 이 점에 착안해 사은품으로 절임 배추를 주기로 했다. 지금은 절임 배추로 김장하는 가정이 많지만 당시로서는 혁신적인 방식이었다. 이 절임 배추를 받기 위해 김치냉장고를 새로 구입하는 주부가 있을 정도로 주부들에게 크게 어필했다. 이 초대박 판촉은 치밀한 사전 준비에서 비롯된 것이다.

판촉은 신선한 아이디어가 매우 중요하다. 그렇지만 모든 아이디어가 다 고객들의 호응을 얻는 것은 아니다. 그래서 우선 고객들의 마음을 읽으라고 한다. 고객들에게 제대로 어필하는 방법을 찾는 것은 그다음이다.

고객보다 앞서서 고민하고, 고객이 필요로 하는 판촉을 구상하라. 사은품 하나를 고르더라도 내가 주고 싶은 것이 아니라 고객이 갖고 싶은 것을 선택하라. 위 두 가지 사례에서 보듯 판촉 아이디어만 좋으면 한 해 장사를 편하게 할 수 있다.

추천율:
'만족'하면 1회 더 구매하지만
'매우 만족'하면 6회 더 구매한다

마케팅에서 고객의 입소문은 매우 중요하다. 입소문은 소비자가 스스로 상품이나 기업에 대한 긍정적인 메시지를 생산, 전달하는 것을 말하며, 기업이 이를 마케팅에 접목할 때 입소문 마케팅이라 한다. 입소문은 이 책에서 언급하는 고객 추천과 동일한 개념으로 쓰인다. 입소문을 타기 위해서는 상품이나 서비스가 뛰어나야 한다. 고객 추천, 즉 입소문 마케팅은 비용이 적게 들 뿐 아니라 효과도 좋다. 하지만 입소문은 항상 긍정적인 것만 있는 게 아니라 부정적인 것도 있다. 이 경우 더 큰 타격을 입을 수 있다는 점에서 각별한 관심을 가져야 한다. 앞으로는 여론을 형성하는 빅마우스를 적극적으로 마케팅에 활용해보자.

매장이나 영업 사원에 유난히 충성도가 높은 고객들이 있다. 꼭

저 매장 아니면 안 되고, 어떤 직원 아니면 안 된다는 이들을 단골 고객이라 부른다. 이들은 매장을 자주 이용하는 사람인 동시에, 소리 없는 홍보 요원이라고도 할 수 있다. 단골 고객은 매장의 좋은 점을 말하고, 제품의 이로움을 전파한다. 이들의 말 한마디는 강력한 힘을 발휘한다. 본심에서 우러나오는 진실이 더 잘 통한다고나 할까? 매장이 하는 홍보보다 훨씬 더 효과적이다. 이런 단골 고객을 매장에서는 어떻게 대우하고 있는지 생각해보자. 그저 일반 고객이나 다름없이 대하고 있지 않을까? 이들의 자발성은, 거꾸로 생각하면 치명적일 수도 있다. 불만이 생기면 언제든 우리를 향해 비수를 꽂을 수도 있다는 얘기다. 그런 점에서도 단골 고객에 대한 배려는 달라야 한다.

단골 고객에 대한 대우는
달라야 한다

점장 시절, 고객들의 생일과 결혼기념일을 챙겨주다가 불과 몇 개월 만에 중지한 경험이 있다. 고객이 적을 때는 재정적 부담이 적었는데, 고객 수가 늘어나 비용을 감당하기 힘들었기 때문이다. 예를 들어 생일 축하 선물을 한다고 가정하자. 축하용 케이크를 사려면 최소 1만 원 정도는 필요한 데다, 고객이 케이크를 받으러 오기도 쉽지 않다. 집으로 배달하려면 추가 비용이 생긴다. 더구나 고객이 그걸 받고 고마움이나 감동을 느낄지도 알 수 없다. 매장 입장에서 보면 고객의 반응도 못 미더운 케이크 비용이 상상외로 부담스럽다. 하루 한 명이면 한 달에 30명이니 30만 원, 하루 다섯 명이 넘을 경우 한 달 비용이 무려 150만 원을 훌쩍 넘는다. 고객 수가 1,000명을 넘어가면 웬만한 매장에서는 감당키 어려운 비용이 된다. 그래서 나는 단골 고객의 기준을 다시 정하여 선별했다. 대신 케이크의 질을 높이고 축하 편지를 같이 보내어 좋은 반응을 얻었다.

1년에 한 번 우수 고객만을 대상으로 하는 클로징 세일도 효과가 좋았다. 클로징 세일이란 매장이 쉬는 날에 일반 고객의 출입을 통제하고 초청된 고객만을 대상으로 하는 반짝 세일이다. 우수 고객들을 위한 다과를 준비하고 질 좋은 사은품과 특별 세일 상품을 마련한다. 한마디로 1년 동안 매장을 애용해준 데 대해 고마움을 표하는 날이다.

중소도시에서 대리점을 운영하는 모 사장은 우수 고객들에게 본인이 소중히 키운 분재를 선물하곤 한다. 분재는 가꾸기도 어렵고 흔한 것이 아니라서 희소가치가 있다. 고객들에게는 이야기가 담긴, 세상에서 하나뿐인 선물이다. 수년간 계속된 분재 선물은 고객을 가족처럼 만들고 고객들의 충성도를 강화하는 데 크게 기여했다. 그리하여 대형 매장을 제치고 그 지역 최고의 매장으로 우뚝 설 수 있게 되었다.

일반적으로 우수 고객을 우대하는 데는 비용이 든다. 대부분 넉넉지 못한 형편임을 감안할 때, 돈 안 드는 방법이 있으면 얼마나 좋을까? 따뜻한 말 한마디, 눈치채지 못하게 더 얹어주기, 정을 담아 전하는 차 한잔, 작은 사은품 하나라도 챙겨주기, 가족에 대한 관심 등, 찾아보면 일상적으로 할 수 있는 차별화는 많다. 단골 고객은 가족처럼 허물없이 대하면서 각자에게 맞춤형 대우를 해주는 것이 좋다. 평소에 진심을 담아 맞이하면 고객들이 마음의 문을 열게 된다. 마음의 문이 열리는 순간부터 당신의 사업에는 희망이 깃들게 되고, 그런 고객이 늘어갈수록 사업은 번창하게 될 것이다.

단골 고객이라는 이름표를 달아주지는 못해도 대접받고 있다는 느낌이 들도록 하라. 대접받는다고 느끼는 순간 열렬한 팬이 되어 매장을 홍보하고 다닐 것이다.

고객을 잃는 데 10분, 고객이 다시 돌아오는 데 10년

요즈음 '고객 만족'을 넘어 '고객 감동' 경영이 대세다. 그렇다면 고객 만족과 고객 감동은 어떻게 다를까? 고객의 기대치를 충족시키면 고객 만족이고, 고객의 기대치를 넘어서면 고객 감동이 된다. 예를 들어 고객이 1,000원짜리 상품을 구매했을 때, 상품의 가치가 1,000원을 충족시키면 고객은 만족하게 되고 그에 미치지 못하면 불만족하게 된다. 그런데 만약 상품이 1,000원을 뛰어넘는 쓸모를 가졌다면, 고객은 감동에 이르게 된다. 고객을 감동에 이르게 하려고 기업들은 서비스 질 경쟁에 돌입했다. 최근엔 기업들이 경쟁하듯 서비스 질을 높이다 보니 감동보다는 오히려 고객의 기대치만 높아진 상황이다. 더구나 서비스는 질을 높이는 데 한계가 있고, 일단 제공을 하게 되면 현재 수준보다 더 낮출 수 없다는 점에서 기업들은 고민하고 있다.

고객 감동의 대표적인 사례로 노스트롬 백화점이 있다. 노스트롬이 알래스카의 백화점을 인수한 직후, 한 고객이 와서 지금은 취급하지 않는 타이어를 환불해달라고 하자 이유를 따지지 않고 즉석에서 환불해주었다는 일화는 유명하다. 고객이 화장실에 실수로 빠뜨린 결혼반지를 찾아주기 위해 인분을 뒤졌다거나, 휴장일인지 모르고 찾아온 지방의 노부부를 위해 특별히 문을 열어줬다는 에버랜드에서는 요즘도 '행복스토리'를 통해 수많은 고객 감동 사례를 소개하고 있다.

사실, 돈을 들여 하는 일보다는 고객이 호응하고 참여하는 스토리텔링이나 불만 고객 대응을 통해 감동을 이끌어내는 게 훨씬 현실적이다. 기부 문화를 실천하는 착한 가게, 커피·초콜릿·설탕·수공예품 등의 공정 무역 운동에 참여하는 기업이나 단체들이 주목받는 최근의 시류를 읽으면 매장에서도 얼마든지 스토리텔링을 활용할 수가 있다. 커피숍 같은 데서 흔히 활용하는 쿠폰을 노숙자를 위해 기부한다든지, 배고픈 이웃을 위해 음식 값을 미리 내는 일, 특정 상품의 수익 일부를 기부하는 행위는 고객의 호응을 이끌어내고 참여를 유도하는 좋은 예이다.

한편 불만이 발생했을 때 초기에 대응하지 못하여 상황을 더욱

악화시키는 경우를 종종 보게 된다. 반면에 이를 잘 처리함으로써 불만 고객을 충성 고객으로 만드는 경우도 많다. 고객을 잃는 데는 10분밖에 안 걸리지만 그 고객이 다시 돌아오는 데는 10년이 걸린다고 한다. 단순히 그 고객만을 잃는다면 문제될 게 없지만 그 고객이 나쁜 소문을 퍼뜨리기라도 하면 문제는 더 심각해진다. 그러므로 고객의 불만에는 처음부터 적극적으로 대응할 필요가 있다. 불만 고객이 생기면 접점에서 해결하기를 기다릴 게 아니라 회사 차원에서 관심을 가지고 신속히 대응해야 한다. 단순히 고객의 불만을 해결하는 차원이 아니라 기대 이상의 조치를 하여 불만을 만족으로, 더 나아가 감동으로 바꾸어내야 한다. 이때 들어가는 비용은 언뜻 커 보이지만 종국에는 더 큰 이득으로 돌아온다는 것을 명심할 필요가 있다.

제품 불량에 대해 어떻게 대처하는가에 따라 세계적 기업들의 명암이 갈리는 걸 볼 수 있다. 대표적인 사례가 존슨앤존슨 타이레놀과 도요타이다. 존슨앤존슨은 1982년에 타이레놀 독극물 주입 사건이 났을 때 소비자 보호를 위해 전량 리콜을 실시했다. 이렇게 즉각적이고 과감한 대처는 소비자들의 신뢰를 회복하는 바탕이 되었다. 반면에 도요타는 차량 결함에 대한 소비자 리콜에 대해 소극적으로 대처하다가 사고 당시의 녹음 파일이 공개되면서 걷잡을 수 없는 비난에 직면했다. 어마어마한 리콜 비용이 들었을 뿐 아니라 고객의 신뢰까지 순식간에 무너져내렸다. 존슨앤존슨은 위기를 기회로 삼았고, 도요타는 오히려 화를 자초했다.

제록스사에 의하면, 고객이 만족하면 1회 더 구매하지만 매우 만족(감동)하면 6회 더 구매한다고 한다. 이 얼마나 놀라운 사실인가? 기업으로서는 고객을 감동시킴으로써 생각 이상의 효과를 얻을 수 있다. 덤으로 걸어다니는 홍보 요원을 확보하는 셈이다.

단골 고객 늘리기, 그리고 단골 고객의 고객 추천율을 높이는 활동을 해보자. 단골 고객 우대 프로그램을 준비하고, 불만 고객도 감동시킬 대응 체계를 갖추자.

Offline **S**tore

영업 사원의 역할이 달라졌다. 상품을 권유하거나 인정에 호소하는 영업이 아니라, 고객의 삶에 가치를 부여하는 영업으로 변화하는 것이다. 새로운 가치 제안. 즉 라이프 컨설팅이 필요하다. 영업도 한 단계 업그레이드되어야 한다. 고객 한 사람 한 사람은 각자 다른 환경과 처지에서 살고 있다. 경험이나 철학도 제각각이다. 그렇기 때문에 생활에서 제품이 차지하는 의미나 위치도 다를 수밖에 없다. 제품을 사용함으로써 삶이 활기를 찾고 생활이 풍부해진다면 고객은 기꺼이 충분한 대가를 지불하려고 할 것이다. 따라서 고객의 삶을 풍부하게 하고 삶에 가치를 부여하도록 도와주는 것이 오늘날 판매자의 역할이라고 할 수 있다. 판매자는 단순히 제품을 파는 것이 아니라. 잠재된 욕구를 이해하고 고객의 문제를 해결해줄 수 있어야 한다. 이제 고객에게 필요한 것은 영업 사원이 아니라 라이프 컨설턴트다.

3부

나는 이렇게
매출을
두 배로 올렸다!

최고의 영업 사원이 되려면 단순히 제품만 팔아서는 안 된다. 고객
이 안고 있는 문제 해결을 위해서 아이디어와 지식을 제공해주는
라이프 컨설턴트가 되어야 한다.

장사가 안 될 때
가장 먼저 해야 할 일

　　기존 고객은 이사, 결혼, 직장 문제, 사망 등 여러 가지 원인에 의해 매년 자연 감소한다. 더구나 경쟁 매장으로 이탈하는 일이 생기면 고객 감소는 더 심각한 문제가 된다. 적어도 기존 고객이 감소한 자리를 신규 고객으로 채우지 않으면 매출 성장은 고사하고 유지조차 곤란한 상황이 될 것이다.

　　신규 고객은 자연스럽게 찾아오는 경우도 있지만, 매장에서는 대개 부족한 부분을 채우기 위해 여러 가지 시도를 한다. 흔히 볼 수 있는 것이 신규 고객 확보를 위한 이벤트이다. 그러나 이렇게 인위적인 방법으로 고객을 확보해봐야 효과는 일시적인 뿐, 매출로 이어지기는 쉽지 않다. 이벤트에 참여하는 사람 중 대부분은 기념품을 받으려는 가짜 고객이기 때문이다. 이런 점에서 가망 고객 발굴

이야말로 좋은 해결책이 될 것이다.

사지 않고 그냥 가는
고객의 속마음

가망 고객이란 지금 당장은 아니지만 상품 구매 의도가 분명한 고객을 말한다. 당장은 여건이 충족되지 못해 구매 시점을 뒤로 미루고 있을 뿐이다. 예를 들어 월급날이 아직 멀었다거나, 자녀 혼담이 오가는데 결혼 날짜가 확정되지 않았다거나, 할부로 조금씩 상환하고 싶은데 카드 발급에 시일이 걸린다거나, 신상품 출시일을 기다리기 때문에 시점이 안 맞는 경우 등이다.

그런데 고객의 구매 의도를 알 수 있다는 것은 얼마나 행운인가? 더구나 경쟁자보다 먼저 알았다면 판매로 연결하는 데 훨씬 유리하지 않을까? 고객의 구매 의도를 파악했다면 80~90퍼센트 확실하게 판매로 연결할 수 있다. 다 된 밥에 숟가락만 들면 되는 것이다. 그럼에도 장사가 안 된다는 대부분의 매장에서 이런 좋은 기회를 가벼이 여기는 건 참으로 아이러니이다. 고객들이 이탈하고 장사는 안 되는데 아무 조치도 취하지 않는 매장들이 주위에 얼마나 많은가?

어떤 디지털프라자 점장은 직원들의 가망 고객 내역을 매일 점검하는 것이 가장 중요한 역할이라고 했다. 이 점장은 현명하게도 가망 고객의 중요성을 간파하고 있었다. 덕분에 이 매장은 매월 우수한 실적을 거두면서 우수 매장으로 소개되었고, 벤치마킹 대상이 되었다. 전국적으로 유명세를 타는 것은 순식간이었다.

일본 연수 중 인상 깊었던 일 하나가 가망 고객을 관리하는 체계였다. 각 매장에는 고객 관리를 담당하는 사람이 있어서, 매일 정해진 시간에 전화를 하거나 고객 한 사람 한 사람에게 일대일로 맞춤 DM을 발송한다. 상담 중에 구매 의도가 파악된 고객 명단을 작성하고, 접근하기 적당한 시기를 정한다. 날짜별로 자료를 분류해서 해당 날짜가 되면 잊지 않고 연락을 취한다. 고객이 필요로 하는 정보를 다양한 방법으로 제공하여 구매를 유도하는 것이 그의 임무였다. 고객 자료는 모두 전산으로 처리했지만 가망 고객만큼은 직접 관리했다. 그게 더 효율적이라는 것이다.

사실 영업하는 사람치고 가망 고객의 중요성을 모르는 사람은 거의 없을 것이다. 그러나 가망 고객을 발굴-관리-구매에 이르게 하는 일이 생각보다 쉽지 않다. 그래서 도중에 그만두거나, 하더라도 마지못해 형식적으로 하는 경우가 많은 게 현실이다. 먼저, 가망 고객을 발굴하는 일이 왜 우리 매장에 꼭 필요한지 명확하게 깨달아야 한다. 지금은 당장 성과가 나지 않더라도 지속적으로 하면 성공에 이르게 된다는 것을 직원 모두가 알아야 한다. 그다음 매출로 연결하는 성공 사례를 만들어내고, 그 사례를 매장 전체에 확산시켜야 한다. 매출 부진을 벗어나려거든 가망 고객 발굴에 집중하라. 가망 고객 발굴은 매출 성장의 밑거름이다.

가치 있는 고객을 추출하는 법

가망 고객을 많이 안다는 것은 미래의 매출을 어느 정도 확보했다는 뜻이다. 남보다 먼저 안다는 것은 경쟁에서 승리자가 된다는 의미이기도 하다. 이렇게 중요한 가망 고객을 매장에서는 어떻게 발굴할 수 있을까?

먼저 매장에서 보유하고 있는 고객 정보에서 가망 고객을 추출할 수 있다. 고객 정보는 날것이므로 필요에 따라 활용할 수 있도록 적절하게 정제하고 가공해서 자료를 만들어야 한다. 정보를 분석할 때는 RFM 방식이 많이 사용된다. RFM 방식은 구매의 최근성Recency, 구매 빈도Frequency, 구매 규모Monetary 라는 세 가지 요소를 기준으로 가치 있는 고객을 추출하는 방법이다. 즉 '최근 언제까지 이용하였는가?', '일정 기간 동안 얼마나 자주 이용하였는가?', '그 기간 동안 얼마나 많이 구매하였는가?'를 나타내며, 그에 따라 다음 구매를 예측하는 것이다.

예를 들어 대형 TV에 대한 가망 고객을 발굴하려고 한다면 원하는 정보에 접근하기 위한 조건 값을 정해야 한다. 최근성은 이탈 고객을 제외하거나 최종 구매 후부터 경과한 기간 등을 정할 때 필요한 조건 값이고, 구매 빈도는 일정 기간 동안에 몇 번이나 매장을 이용했는지, 즉 앞으로도 계속 우리 매장을 이용할 것인지를 추정할 수 있는 조건 값이다. 구매 빈도는 고객의 충성도를 나타내는 지표이기도 하다. 마지막으로 구매 규모는 그 고객의 경제력을 보는 것으로 구매력(예산) 점유율, 즉 가치적 측면의 조건 값이 된다. 이 방식으로 소형 TV를 구입한 고객 중에서 일정 기간이 경과했으며 아직도 우리 매장을 자주 이용하고 있는 고객의 리스트를 골라내면, 이들이 대형 TV를 구매할 가능성이 높다고 할 수 있다. 이 고객들에게 TM Telemarketing 을 하고, DM Direct Mail 등을 보내어 반응을 보고 한 번 더 구매 가능성을 선별한다. 이렇게 고객 정보를 활용하여 쉬우면서도 간단한 조건에 따라 고객을 선별하면 얼마든지 가망 고객을 추출할 수 있다.

일상적인 활동을 하면서 자연스럽게 가망 고객을 발굴할 수도 있다. 접객할 때나 설문 조사 때, 또는 상권을 순회할 때나 전화 응대할 때, 그리고 배달이나 AS를 위해 가정방문을 할 때가 좋은 기회다.

접객할 때는 다양한 대화를 하면서 고객의 의도를 바로 파악할 수 있다. 고객과 대화를 하다 보면 고객이 은연중 구매 의도를 나타내는 경우가 있다. 예를 들어, 가을에 딸이 결혼한다거나 언제쯤 이사할 거라는 말 속에는 그때쯤 가전제품을 구매해야 한다는 뜻이 담겨 있다. 또 "지금 세탁기를 사시면 가장 싼 조건으로 구입할 수 있는데, 올해 구입 계획이 있나요?"라는 질문처럼 중점적으로 판매하고자 하는 상품을 적극 추천하여 구매 의도를 알아낼 수 있다. 상품 판매 후에도 추가적인 질문을 몇 가지만 더 하면 또 다른 제품의 구입 예정일이라든지, 보유하고 있는 제품에 관한 정보를 알아낼 수 있다. 예를 들어, 여름철 에어컨 수요를 파악하기 위해 지난 여름 에어컨은 잘 가동되었는지를 묻는다면 고객의 반응은 다양하게 나타날 것이다.

"네, 아주 시원하게 보냈어요."

"아뇨, 전기 절약하느라 몇 번밖에 사용 못 했어요."

"선풍기로 겨우 버텼어요."

"고장 났는지 시원하지가 않았어요."

이런 대화 속에서 누구는 금년에 에어컨을 구매하겠구나 하는 감을 잡을 수 있다.

수시로 기념품을 내걸고 실시하는 설문 조사는 여러 가지 정보를 파악하기 쉬운 방법이다. 상권을 순회하면서 고객 정보를 파악하는 방법도 있다. 예를 들어, 아파트 단지에서 에어컨 실외기를 조사하면 에어컨 미보유 가정 자료를 만들 수 있는데, 이것은 여름철 가망 고객을 파악하는 데 유용한 방법이다. 판매 후의 배송, 정기적인 방문 점검, AS 등은 또 다른 가망 고객 발굴 기회이다. 고객 집에 들어가 사용하는 제품을 자연스럽게 파악할 수가 있다. 가정에 없는 제품은 언제든지 구매 가능성이 있으며, 오래된 제품은 교체할 가능성이 높다. 해피콜을 통해서도 가망 고객을 발굴할 수 있다. 해피콜의 주목적은 제품 구입 후 만족 여부를 체크하며 고객과의 관계를 긴밀히 하는 데 있지만, 매장에서 상담하듯이 추가 질문법을 활용하면 가망 고객을 발굴하는 부수적인 효과를 얻게 된다.

가망 고객을 발굴하기 위해 상담 시 유의할 사항들은 무엇인지

가전 매장을 예로 들어 살펴보자.

- 방문 요일 : 평일에 주부 혼자 방문하면 상품 및 가격을 알아보고 나서 주말에 가족과 함께 방문할 확률이 높으므로 절대 홀대하면 안 된다.
- 나이, 성별 : 20대 후반이나 30대 초반의 여성은 혼수 고객일 확률이 높으므로 혼수 상담을 적극적으로 하라. 나중에 시댁과 친정의 구매로도 연결된다.
- 복장, 소지품 : 간편한 복장의 고객은 1차 상권 거주자로서 가격을 비교하러 왔을 확률이 높고, 정장에 핸드백을 갖춘 고객은 당일 구입할 가능성이 높다.
- 동반자 : 동반자를 통해 관심 품목과 구입 목적을 파악하기가 더 쉬우며, 가족을 동반한 경우는 구매 가능성이 높다.
- 관심 품목 : 고객이 특정 상품 앞에서 머무르는 시간이 길거나 주의 깊게 볼 경우 구매할 확률이 높다.

이처럼 마음만 먹으면 일상적인 활동에서 얼마든지 가망 고객을 발굴할 수 있다. 가망 고객 발굴 활동을 할 때는 판매 의도를 드러내지 않도록 주의해야 한다. 반드시 고객이 필요로 하는 것에 먼저 초점을 맞추라. 그리고 은연중에 속내를 파악하라. 판매 의도가 보이면 고객은 좀처럼 속내를 드러내지 않는다.

가망 고객은 주위에 얼마든지 있다. 단지 고객들이 구매 의도를 나타내지 않을 뿐이다. 그러므로 일상생활 속에서 적극적으로 가망 고객을 발굴하자.

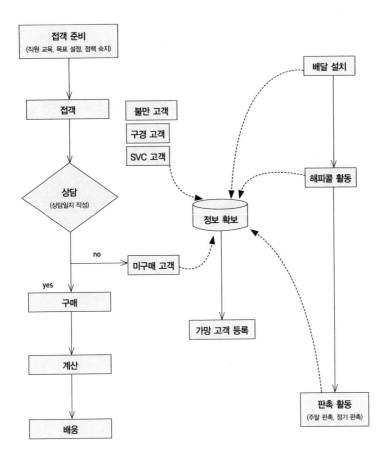

매장 판매 활동

사후 고객 관리

그림 4_ 가망 고객 확보 체계도

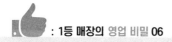
사소한 것이 매장의 성패를 좌우한다

여러 사람들이 같이 일하는 곳엔 반드시 운영 규칙이 있어야 한다. 직장이나 공식 조직은 물론 친구 모임이나 동호회에도 규칙은 반드시 필요하다. 운영 규칙이 없는 모임은 영속성이 없으며, 이로 인해 언젠가는 불협화음을 겪게 돼 있다. 구성원 간에 불신을 초래하는 원인은 아주 사소한 일인 경우가 많다. 그렇게 사소한 일이 결국에는 조직 분위기 전체를 망칠 수도 있으니, 애초에 판단의 기준이 되는 규칙을 마련해야 하는 이유가 여기 있다.

규칙은 매장에서 많은 인력을 효율적으로 통솔하기 위한 힘의 근원이다. 직원들의 근태는 근무 수칙으로, 매장 관리나 고객 및 거래처와의 일 처리는 업무 수칙으로, 직원들의 경조사 등에는 복리 조항 등을 두어 이견을 방지할 필요가 있다. 이런 규칙을 정할 때는 현실을 감안하는 한편 상세하게 규정해야 한다. 그리고 이를 이행할 땐 엄격히 적용할 필요가 있다. 규칙을 어길 때는 반드시 불이익을 줌으로써 규칙 준수가 일상화되도록 하라. 규칙을 운용하는 사람이 주의해야 할 사항은 예외 적용의 선례를 남기지 않는 것이다. 관용을 베푼다며 한두 번 어물쩍 넘어가버리면 규칙은 제대로 작동하지 않게 된다. 선례를 남기면 이것 때문에 또다시 관용을 베풀어야 한다. 한 사람이 깨뜨리면 다른 사람도 깨뜨리게 되기 때문이다. 규칙은 원칙대로 준수하되 예외로 인정을 해야 할 경우엔 반드시 직원들의 이해를 구하라. 직원들의 동의가 있는 사항은 불만이 최소화된다. 그렇지만 이것도 자주 하면 결국엔 규칙을 무용지물로 만들게 된다.

규칙을 정한 사람이나 직위가 높은 사람은 규칙을 어기고도 어물쩍 넘어가는 경향이 있다. 사람들은 대개 자신의 허물을 덮고 잘못을 용서하는 데는 관대하기 때문이다. 그러나 규칙은 누구에게나 적용되는 것이다. 오히려 남의 잘못을 따지고 꾸짖기보다 자기 자신에게 더 엄격해야 한다. 규칙이 잘 지켜지는 조직은 건강하다는 증거이므로 점장부터 솔선수범해야 할 일이다.

시간 관리를 철저히 하라

시간 관리는 나 자신과 한 약속을 지키는 일이다. 매장을 운영하다 보면 해야 할 일이 많아서 하루 24시간이 부족하다고 느낄 것이다. 그런데 시간이 부족하다면서 일을 대충대충 처리하고 넘어가는 경우가 많다. 이렇게 되면 일상이 바쁘기만 할 뿐, 발전이 없다.

시간 관리와 관련해서 제임스 보트킨의 15:4 법칙이 있다. 단 15분만 시간을 내어 일의 우선순위를 정하고 추진 계획을 수립하면 4시간이나 절약할 수 있다는 뜻이다

하루 생활을 점검해 시간을 효율적으로 활용해보자. 매장 운용을 원활히 하는 게 점장의 첫 번째 임무라는 걸 명심하자. 시간 계획을

세워두었다면 다시 한 번 보라. 의욕만 앞세웠거나 허술하게 시간을 낭비하는 일은 없는가? 보여주기식으로 거창한 계획을 세우기보다 핵심 업무 중심으로 실천할 수 있는 계획을 수립하자. 성과로 이어질 수 있도록 시간 계획을 재조정하자. 초秒 관리까지는 어렵더라도 분分 관리는 하자.

내가 점장으로 근무할 때 지켰던 원칙 중 한 가지는, 출근은 가장 먼저하고 퇴근은 가장 나중에 하는 것이었다. 출퇴근 시 전체적으로 매장을 점검하는 것이 점장 책임이라고 생각했다. 그래서 집도 매장에서 5분 거리로 이사했다. 출근하면 개점 전에 매장을 청소하고 조회를 여는 게 주요 일과였다. 영업이 시작되면 오전 중에는 핵심 업무를 주로 점검했다. 어제의 매출 실적, 회수할 외상 채권, 배송 고객, 접수된 고객 불만, 상품 발주 및 입고 등이 주요 업무였다. 매일 할 수는 없으나 주 단위로 해야 할 업무로 직원 교육, 시장조사, 판촉 계획 수립 등이 있다. 이렇게 예측할 수 있는 기본 업무에 먼저 시간을 배분하고 그 외에는 철저히 매장 활동을 했다.

시간을 낭비하지 않는 또 다른 방법은 사전 준비다. 매일 보는 자료는 제자리에 정리 정돈하고, 교육이나 회의, 판촉 등 직원들이 참여하는 업무는 사전에 내용을 공유하라. 그러면 정해진 시간 안에 충분한 성과를 내게 될 것이다.

점장의 시간 계획에서 빼놓을 수 없는 게 자기 계발이다. 끊임없이 배우지 않으면 정체되거나 경쟁에서 도태되는 건 점장도 마찬가지이다. 역량 개발을 위하여 시간을 투자하라. 영업에 도움되는 일뿐 아니라, 개인적으로 관심 있는 분야에도 깊이를 더하라. 정서 함양과 건강관리를 위해 시간을 할애하라. 점장이기에 앞서 개인으로서의 삶도 풍요로워야 하지 않겠는가?

누구에게나 하루는 24시간이다. 그러나 그 시간을 어떻게 활용하느냐에 따라 결과는 확연히 달라진다. 성공적으로 매장을 운영하고 싶다면 시간을 잘 활용하라.

가망 고객에게 접근하기
가장 좋은 시점

앞에서 말했듯 가망 고객은 일상생활 속에서도 얼마든지 다양하게 발굴할 수 있다. 그런데 점장이 공개적으로 가망 고객 발굴 활동을 점검하기 시작하면 직원들은 야단맞지 않으려고 실제로 하지 않은 일을 거짓 보고할 가능성이 높아진다. 진실은 오직 당사자만이 알 뿐이다. 한번 거짓 행위가 통하면 그 이후로는 습관처럼 굳어져 더 이상 좋은 결과를 기대할 수 없게 된다.

대개 고객 관리나 가망 고객 발굴 활동 시행 여부는 전산으로 기록하는데, 부진 매장을 돌아다니면서 점검해보면 시행율이 거의 100퍼센트였다. 수치만 본다면 매출이 부진할 이유가 전혀 없어 보였다. 그런데 활동 내용을 세세하게 들여다보면, 아니나 다를까, 형식적으로 활동한다는 것을 금세 알 수 있다. 매출 부진 매장들의 공통점은 모든 행위가 형식적이거나 부실하다는 것이다. 그런 매장 직원들은 하는 시늉이라도 내느라 스트레스가 쌓이고, 불만만 늘어 간다. 제대로 될 까닭이 없다.

거듭 얘기하지만 고객과 관련된 여러 활동들은 부족하면 부족한 대로 진실되게 해야 의미 있으며, 거기서 노력한 만큼의 효과가 나온다는 것을 명심해야 한다. 진정성 있는 활동이 고객 관리에서 중요시되는 이유다.

그러면 고객 정보는 어떻게 수집하고 관리해야 하는가?

고객과 대화를 나누며 파악한 내용들을 기록으로 남기는 게 중요하다. 당장에 구매가 일어날 상황이 아니므로 기록으로 남겨두었다가 적절한 시기에 이를 활용하는 것이 좋다. 가망 고객을 수집, 관리하는 절차는 다음과 같다.

1. 직원들에게 고객 대장을 작성하도록 한다.

고객 대장은 상담 중 구매 결정은 했으나 당장 구입하지 않는 고객의 재방문을 유도하는 데 귀중한 자료가 된다. 또한 구매 의도는 있으나 여러 가지 상황으로 구매 결정이 지연되는 고객을 관리하는 데 유용하다. 영업 사원은 고객 상담 일지에서 가망 고객 정보를 수집하게 된다. 고객 상담 일지 작성 절차는 다음과 같다.

① 영업 사원은 고객과 접촉 시 다양한 질문법을 통해 고객의 차후 구입 정보를 적극적으로 알아낸다.

② 상담 일지를 활용하여 다음과 같이 고객 대장을 작성한다.

이름 주소 전화번호	구입 제품 가격 결제 방식	주요 상품 사용 연수	추후 관리 내용
홍길동 서초동OOO아파트 010-1234-5678	TV ₩1,300,000 현금 구입	냉장고 8년 세탁기 3년 PC 3년	11/7: 내년에 자녀 대학 시험 11/8: 해피콜 때 냉장고 신제품 소개 내년 초 PC 판촉 소개. 반응 양호
성춘향 양재동 23-4 010-9876-5432			11/10: 12월 결혼 예정. 혼수 상담 주말에 가족과 내방키로 함
이주부 역삼동 100-1 010-2233-4455	전기밥통 ₩ 150,000 카드 결제	김치냉장고 5년	11/13: 김치냉장고 크기에 관심 많음 (18~20일 김장 특별 세일 안내)

표 1_ 고객 대장 작성 예시

2. 고객의 구매 타이밍을 예측하여 구체적인 가망 고객 정보를 관리
한다.

㉠ • 홍길동 고객은 자녀 대입 시험 후 PC 수요가 있으므로 12월
말쯤에 PC 판촉 내용을 구체적으로 안내한다.

• 성춘향 고객은 혼수 고객이므로 좋은 가격 조건을 준비하여
밀착 관리한다. 혼수 고객의 경우 결혼식 전으로 제품 구매
시기가 제한되므로 시기에 주의해야 한다.

• 이주부 고객은 김장철에 김치냉장고가 필요하므로 2~3일
후 다시 접촉한다.

3. 작성된 가망 고객 정보를 관리자에게 제출한다. 관리자는 수집된 가망 고객 정보를 검토하여 구입 가능성 여부를 최종 확인하고 그 가망 정도를 A, B, C, D 등급으로 분류한다. 또한 고객별로 접촉 날짜를 지정한다.

> 예 A등급: 조만간 반드시 구입할 고객
>
> B등급: 조만간 구입할 의사가 있는 고객
>
> C등급: 올해 중에 구입을 검토 중인 고객
>
> D등급: 당분간 구입 의사가 없는 고객

4. 가망 고객은 별도 용지에 기입하여 가망 고객 함에 날짜별로 구분해서 놓는다.

   가망 고객 함을 별도로 마련하지 않더라도 날짜별로 찾기 쉽게 분리해놓으면 된다.

5. 매일 아침 조회 때 관리자는 가망 고객 함에서 당일 가망 고객 정보를 꺼내 담당 사원에게 전달한다.

6. 담당 사원은 TM, DM, 문자 등을 활용하여 고객의 내방 및 구입을 유도한다. 판매 의도를 노골적으로 나타내면 부정적으로 받아들이므로, 고객이 꼭 필요로 하는 정보를 제공하여 도움을 준다는 생각으로 접근해야 한다.

7. 관리자는 아침 조회를 할 때마다 활동 우수자를 시상하고 부진자를 독려한다. 또한 매월 가망 고객 활동 우수자는 별도로 시상한다.

매출 확대가 절실하다면 가망 고객 관리를 체계화하여 실천해보

자. 습관은 한번 몸에 배면 고치기가 쉽지 않으므로 처음부터 좋은 영업 습관을 들이는 게 중요하다. 과정이 길고 지루하며 반드시 판매 성공에 이른다는 확신은 없지만, 그렇다 해서 형식적으로 하면 아무런 효과도 기대할 수 없다는 점을 명심하자.

유능한 영업 사원의 성공 비결 중 하나는 가망 고객을 잘 발굴하는 것이다. 대화 중 고객의 구매 의도를 꿰뚫어 보는 능력을 기르고, 지속적으로 관계의 끈을 유지함으로써 판매에 이르게 하는 일련의 과정에 숙달되도록 하자.

가망 고객은 내가 먼저 잡지 않으면 언젠가는 경쟁 매장에 빼앗기게 된다. 가망 고객의 정보를 수집하고 관리하는 체계를 갖추자. 그러면 뜻밖의 성공을 이루게 될 것이다.

가망 고객을
단골 고객으로 만드는 방법

아무리 고급 정보가 많이 쌓여 있다 해도 활용하지 않으면 무용지물이다. 가망고객은 개별 접촉예정일에 반드시 접촉하라. 그것이 중요하다. 가망 고객을 장기간 방치하면 이미 다른 매장에서 구입했을 가능성이 높고, 너무 일찍 접촉하면 판매하기가 어렵다. 너무 일러도 안 되고 늦으면 더욱 안 된다. 고기를 낚는 타이밍과 마찬가지로 접근하는 시점이 매우 중요하다. 결혼을 앞둔 고객은 적어도 한 달 이전에 혼수 준비를 마치는 경우가 많다. 준비해야 할 일이 많아 마음이 조급해지기 때문에 서둘러 살림살이를 장만하게 된다. 그런 점을 감안하여 2~3개월 전부터 고객에게 접촉해야 한다. 이때 당연히 결혼에 유용한 정보를 제공해야 한다. 이사를 하는 고객도 어느 정도 날짜 여유를 두고 접촉해야 한다. 에어컨이나 김치냉장고처럼 계절을 타는 제품은 사용 시기 직전이 알맞은 접촉 시점이다.

매장에서 할 수 있는 또 다른 방법이 가망 고객 초청 행사이다. 개별 접촉을 통해서도 구매에 이르지 못하는 고객들은 매장 방문 기회를 따로 만들라. 2주 단위로 매장 방문의 날을 정하여 이 고객들만을 위한 별도 이벤트를 마련하라. 2주 정도 가망 고객을 모으면 보통 10~20명 정도가 된다. 이 날은 대상고객들이 충분히 대접받는다는 느낌을 줌으로써 매장에 대한 신뢰도나 만족도를 높일 수 있으며, 구매를 결정하도록 하는 기회이기도 하다. 이날 직원들은 고객을 맞이할 준비를 하고 있다가, 고객마다 관심 있는 상품에 대한 맞춤 정보를 제공해야 한다. 구매에 이르렀을 때 감사의 표시를 할 사은품이나 별도의 선물을 마련한다면 금상첨화다. 고객 입장에서는 어느 매장에서 제품을 구매하든 상관이 없는데, 생각지 않은 특별 대우를 받게 되는 것이다. 그날 제품을 구입하지 않더라도, 매장에 대한 호감도는 충분히 올라간다.

일본의 가망 고객 관리 우수 사례 중 '인연 만들기'라는 것이 있다. 점장이 새로 부임하여 매장 상황을 보니 매출 부진이 아주 심각했다. 고심하다가 어느 날 방문 고객을 분석해보았다. 하루 30명의 방문 고객 중 구입 고객이 12명, 그냥 돌아간 고객이 18명이란 것을 알았다. 어떻게 하면 미구입 고객이 구매를 하게 될까? 고민에 고민을 거듭하다가 한 가지 방법을 시도해보기로 했다. 직원들에게 미구매 고객의 이름과 연락처를 알아내게 하고 한 달 동안 모아봤더니 100건이 넘었다. 그래서 매월 세 번째 토, 일요일을 '가망 고객 초청의 날'로 정하고, 직원 한 사람이 고객 세 명을 반드시 초청하도록 했다. 대부분 직원들은 신통치 않은 반응을 보였으나 한 직원은 점장의 지시를 그대로 실천했다. 그리고 그날 의외의 매출을 올리게 되었다. 그 후로도 그 직원은 꾸준히 가망 고객 발굴 활동을 지속했다. 그 직원이 매번 좋은 성과를 내자 다른 직원들의 태도도 긍정적으로 변했고, 서로 경쟁하듯 고객들을 초청했다. 이후 그 매장은 매출이 늘었고, 한 달 매출의 4분의 1을 그날에 올릴 수 있게 되었다.

오늘 당장은 아니지만 가망 고객은 구매 의도를 분명히 가지고 있다. 이런 고객을 알고 있다는 것은 얼마나 다행스런 일인가? 그런데 이 고객들은 긴밀히 접촉하지 않으면 언제든 다른 매장으로 떠날 수 있다. 다른 경쟁 매장에서도 이들은 소중한 고객이다. 다른 데로 가지 않고 우리 매장에서 구매할 수 있도록 깊은 관심을 가져야 한다. 가망 고객을 오랫동안 방치하지 마라. 접촉 시기가 중요하다. 가망 고객 정보는 모으는 것이 중요한 게 아니다. 얼마나 제대로 활용하느냐가 중요하다.

객단가를 높이는
핵심 전략

매출을 올리는 데는 고객 수를 늘리는 방법 외에도 고객별 구매 단가를 높이는 방법이 있다. 일상적인 영업 환경에서는 고객 수를 늘리기보다 객단가를 높이는 게 쉬운 방법이다. 고객 수가 증가하면 접객 인력도 충원해야 하고, 고객의 다양한 요구에 맞추어 상품 수도 늘려야 한다. 자연히 인건비나 재고 비용이 증가하게 된다. 그러나 구매 단가를 높이면 고객 수가 늘지 않아도 매출을 증대시킬 수 있게 된다.

어쩌면 영업 사원들은 이렇게 생각할지도 모른다. '누가 객단가를 높이고 싶지 않아서 안 하나, 고객들이 싼 것만 찾으니 그게 문제인걸.' 이렇게 불만을 말하는 사람들은 아직 객단가를 높이기 위해 충분히 고민하지 않은 것이다. 2:6:2 법칙에 따르면 20퍼센트는 열심히 일하고, 60퍼센트는 적당히 일하며, 나머지 20퍼센트는 게으른 축에 속한다. 그런데 고객들도 20퍼센트는 가격에 전혀 상관하지 않고, 60퍼센트는 상황에 따라 가격에 반응을 보이며, 20퍼센트는 가격에 민감한 사람들로 이루어진다. 상담 시 가격에 민감한 사람들은 20퍼센트 정도인데, 이것을 전체로 확대 해석할 필요가 없다. 가격에 민감한 20퍼센트는 포기해버리고, 나머지 60퍼센트를 설득하면 되는 것이다.

그렇다면 어떻게 설득할까? 상품의 가치를 높이면 된다. 즉 상품에 부가가치를 부여하는 것이다. 상품의 기능이나 속성 외에 금융 할부나 AS, 배송 설치 등 부가서비스의 차별화나 상품 사용을 통해 얻게 되는 생활의 변화 등이 고객을 설득하는 요소가 된다. 매장의 상품 연출이나 영업 사원의 전문 지식, 스토리텔링 등은 접객 과정에서 부가가치를 부여하기 위한 바탕이 된다.

객단가를 높이려면 어떻게 해야 할까? 먼저 현재 구매 상담을 하고 있는 고객에게서 구매 단가 올리기, 두 번째로 구매 개수 늘리기, 세 번째 구매 횟수 늘리기의 단계를 거치면서 객단가를 높여갈 수 있다. 이를 위해서는 무엇보다 매장이 추구하는 매출 늘리기에 모든 직원들이 공감하여야 한다. 객단가에 항상 관심을 갖고 평소에 충분한 준비를 하고 있어야 한다. 객단가를 올리기 위한 방법으로 업셀링, 세트 판매하기, 관련 상품 판매하기, 시즌 준비하기 등이 있다. 이에 대해 구체적으로 알아보자.

제품에 대한
전문 지식이 기본이다

구매 단가를 높이는 대표적 방법으로 업셀링을 들 수 있다. 고객이 원하는 제품보다 한 단계 더 고급이거나 비싼 제품을 구매하도록 하는 방법이다. 업셀링은 영업 사원의 관심과 의지에 의해 실현된다. 단순히 고객이 요구한 것만을 판매하는 사원은 임무를 소홀히 하는 것이나 마찬가지이다.

TV를 사려는 고객들은 첫 번째로 크기를 고민한다. 아파트 거주자를 예로 들면, 아파트 크기에 적당한 TV를 선택하기가 쉽지 않다. 어떤 고객은 40평대 아파트에 살면서 32인치를 사기도 하고, 또 어떤 고객은 작은 아파트에 살면서도 오히려 크다 싶은 TV를 구입한다. 가구와 가전제품은 거주 공간의 크기에 따라 균형이 맞아야 빛나는 법인데 공간에 비해 너무 작거나 큰 것은 생활을 불편하게 한다. TV는 가족 공용 제품이라서 대개 거실에 놓는다. 상담할 때 아파트가 몇 평이냐고 묻는 것은 거실 크기 때문이다.

TV는 적당한 거리가 확보되어야 안락하게 시청할 수 있는데, 고객의 집 구조를 모르는 상태에서 상담하자면 어려움이 많다. 그래서 TV 매장 바닥에 눈금자를 만들어놓고 거실 벽면에서 소파까지의 거리를 가늠할 수 있게 했다. 그렇게 하니 머릿속으로 상상하던 거리와 실제 거리의 차이가 분명해지면서 집 규모에 알맞은 TV를 선택할 수 있게 되었다. 이렇게 선택한 TV는 나중에 불만이 적을 뿐 아니라, 대체로 처음 의도한 것보다 더 큰 걸 구입하는 경향이 있었다.

자동차는 기본 사양에 선택 사항이나 추가 기능을 조금씩 달리하여 상품을 다양화한다. 자동차를 팔 때 기본형부터 시작하여 선택 사항이나 기능을 하나씩 추가해가는 상담 방법과 풀옵션 차량부터 시작하여 필요 없는 기능을 하나씩 제거하는 상담 방법이 있는데, 후자가 업셀링하기 좋다고 한다. 선택 사항이나 고급 기능의 설명을 강조하면 대개는 기본 사양보다 더 높은 사양의 차를 구매한다고 하니, 한마디 더 설명하고 안 하고의 차이가 이렇게 크다.

김밥은 어디를 가나 비슷한 가격에 맛에도 큰 차이가 없다. 그런데 최근엔 비싸지만 알찬 재료, 친환경 식재료로 만드는 프리미엄 김밥이 열풍을 일으키고 있다. 어떤 세차장에서는 세차하러 오는 고객에게 다음과 같은 멘트를 꼭 한다. "코팅까지 하시면 새 차 같을 텐데, 오신 김에 코팅까지 하세요." 이 말 한마디로 하루 50명 중에 열 명 정도는 코팅을 한다고 하니, 코팅 비용을 7만 5,000원이라 하면$_{75,000 \times 10 \times 30}$ 한 달에 2,250만 원의 추가 매출이 발생하는 것이다. 생각을 달리하면 얼마든지 매출을 늘릴 방법이 있다.

업셀링을 하기 위해서는 무엇보다도 제품에 대한 전문 지식이 필요하다. 제품 지식은 기본 중의 기본이다. 그러므로 학습 기회를 자주 마련하여 제품의 기능은 물론 다양한 활용법을 익히도록 한다. 제품 진열에도 신경을 써서 진열 공간 중 가장 핵심적인 위치, 확실하게 눈에 잘 띄는 곳에 주력 제품들을 놓아둔다. 그리고 그 곁에는 상대적으로 뒤처지는 제품을 같이 진열함으로써 주력 제품이 돋보이도록 하고, 소품도 주력 제품 위주로 장식하여 확실하게 차별화한다.

프리미엄 TV를 아주 잘 파는 영업 사원이 있어서 행동을 유심히 지켜보았다. 그는 프리미엄 제품을 TV 코너 중앙의 눈높이에 배치하고 그 좌우에는 한 단계 아래 제품들을 진열했다. 그리고 프리미엄 제품에 최적화된 화질의 영화나 다큐멘터리를 틀어 보여주었다. 고객에게는 프리미엄 제품에 대해 자세히 설명한 다음 비교 대상이 되는 제품의 부족한 점을 몇 가지 언급한다. 팔고자 하는 프리미엄 제품을 부각시키는 상담 방법이다. 또한 구매한 고객들의 사용 후기를 입수하여 상담 시 적절하게 활용했는데, 그에 따르면 고객들의 구매 경험이 업셀링에 많은 도움을 준다고 한다.

고객에게 이득이 된다고 설득하지 못하면 업셀링은 실패한다. 업셀링은 고객의 생활이 어떻게 달라질 것인지, 즉 생활의 가치 향상에 포커스를 맞춰야 한다. 상품의 기능, 디자인, 효능이나 서비스를 통해 고객의 삶이 달라지고 새로운 가치를 누릴 수 있다는 점을 부각할 때 업셀링은 쉽게 이루어진다. 고객에게 필요한 것은 단순한 판매자가 아니라 컨설턴트라고 강조하는 이유다.

고객에게
새로운 가치를 심어준다

상담 시 영업 사원의 대응 방식은 구매 금액을 높이는 데 매우 중요한 변수다. 단순히 파는 것이 아니라 고객에게 새로운 가치를 만들어준다는 측면에서 봐야 하기 때문이다. 생활 수준이 높아지면서 기능보다는 아름다운 디자인과 전체적인 공간의 조화, 편의성 등 생활의 가치가 중요해졌다. 가전제품이나 가구 같은 내구재를 고를 때 집안이나 사무실 공간 전체와 어울리는 장식 기능을 더 원하는 것이 최근 추세다. 제품끼리의 조화를 통해 기능을 더욱 향상시키려는 수요도 늘고 있다. 이런 수요에 대해서는 세트 제품을 제안하면 객단가를 올리는 데 도움이 된다.

예를 들어 TV를 구입하러 온 고객에게 홈시어터를 권하면 열 명 중에 7~8명은 긍정적으로 반응한다. 카메라 구입 고객에게 전자액자는 매우 흥미를 끄는 제품이다. 침대를 사러 온 고객은 화장대, 소파를 한꺼번에 구매하려는 욕구가 있다. 침구점의 이불과 베개도 우리에게는 익숙한 세트다. 자동차 판매 시 기본 모델에 선택형 사양이나 기능을 붙이는 것도 구매 금액을 올리기 위한 것이다. 옷가게에서 치마에 잘 어울리는 셔츠, 머플러, 신발 등을 함께 파는 것, 극장에서 팝콘을 음료와 묶어 파는 것, 할인 매장에서 단품을 여러 개 묶어 파는 것도 고객의 구매 단가를 올리기 위한 것이다. 마이크로소프트처럼 MS오피스와 워드, 엑셀, 파워포인트 등을 묶어 하나의 제품처럼 판매하는 업체도 있다.

구매 단가를 높이는 데 중요한 것은 치밀한 준비성이다. 사전에 고객들의 생활 방식이나 트렌드의 변화를 읽고, 주 제품과 어울리는 보조 상품이나 서비스를 개발하여 이를 적극적으로 제안할 수 있어야 한다. 또한 영업 사원이라면 주 상품만큼이나 보조 상품, 연관 상품에 대한 정보를 충분히 갖추고 있어야 한다. 상품 진열과 장식, POP는 물론 매장의 응대도 세트 판매에 초점을 맞추어야 한다. 이러한 상담 환경이 갖춰졌을 때, 고객들의 마음을 움직일 확률이 높아진다.

매출 때문에 고민이 된다면 한 사람의 고객에게 더 많이 팔 수 있는 방법을 고민하라. 당신이 얼마나 노력하느냐에 따라 객단가가 달라진다는 것을 알아야 한다.

철저히 고객의 입장에서 생각하는 연습

정육점에서 고기만 파는 게 아니라 조리에 필요한 양념이나 채소도 갖춰둔다는 것을 아는가? 객단가를 높이는 방법 중 또 하나는 주요 제품과 연관이 있는 상품들을 같이 판매하는 것이다. 같은 카테고리의 상품끼리 모아놓거나, 부속품이나 대체품, 액세서리 등을 충분히 구비하는 것은 객단가를 높이는 데 좋은 방법이다.

전자레인지, 전기밥통, 주서·믹서, 토스터, 프라이팬, 전기포트 등은 주방 카테고리에 속한다. 헤어드라이어, 면도기, 다리미, 전동칫솔 등은 미용 제품에 속한다. 연관성을 가진 제품들은 같은 구역에 모아두면 고르기 편리할 뿐 아니라 추가적인 구매를 일으키기도 쉽다. 프린터와 잉크, 토너와 복사용지, 정수기와 필터, 공기청정기와 필터, 면도기와 면도날 등은 떼려야 뗄 수 없는 주종 관계 제품이다. 전자제품 중 단일 품목으로 매출 규모가 가장 큰 휴대폰의 경우, 액세서리 시장이 무시 못 할 정도로 커졌다. 개성을 원하는 소비자 트렌드를 읽어보라. 휴대폰 액세서리를 충분히 갖추는 것이 곧 객단가를 늘리는 길이라는 걸 알게 될 것이다. 대형 마트나 편의점의 제품 배치를 유심히 살펴보면 이런 카테고리 원칙이 잘 지켜지고 있다는 것을 쉽게 알 수 있다.

20여 년 전 일본에 갔을 때 일이다. 카메라, 가구, 장난감, 문구류 같은 단일 품목 전문 매장을 방문했을 때의 충격이 아직도 생생하다. 카테고리 킬러로 불리는 이런 전문 매장은 규모가 500~1,000평 정도 됐는데, 별의별 관련 품목들이 매장을 가득 채우고 있었다. 카메라 전문점에는 단순히 카메라만 있는 게 아니고 렌즈를 비롯해 필터, 삼각대, 가방 등의 부품과 액세서리는 물론 사진 인화기, 인화용지, 사진 관련 서적과 잡지, 그리고 사촌격이라 할 수 있는 천문 관측 기기 등이 빼곡했다. 고객들은 이 매장에서 카메라뿐 아니라 여러 관련 부품, 액세서리들을 쉽게 구매할 수 있었다. 제품의 깊이와 넓이에서 가히 전문점다운 경쟁력을 갖추어 객단가를 높이는 데 유리했다. 이 카메라 전문점은 성장을 거듭하여 나중엔 가전 양판점으로까지 사업 영역을 확장했다.

이처럼 주력 상품과 연관이 있는 부품이나 액세서리를 갖추면 객단가를 높이는 데 큰 도움이 된다. 하지만 무한정 확대할 수만은 없는 게 현실이다. 부품이나 액세서리를 다양하게 갖추려다 보면 재고가 늘어나게 되는데, 이것은 매장에 큰 부담이 된다. 특히 수요가 적은 상품은 악성 재고가 되거나 분실, 파손의 위험도 적지 않기 때문에 매장 형편에 맞도록 가짓수와 양을 고려해야 한다. 그렇다 해도 고객의 수요를 흡수하거나 객단가를 높이기 위해 주력 상품과 연관이 있는 부품이나 액세서리를 충분히 갖추는 것은 고민해볼 일이다.

고객의 편의를 위해 무엇을 갖춰야 하는가? 이렇게 질문을 하고 이에 대해 끊임없이 답을 찾다 보면 매장은 성장하게 될 것이다. 성장하지 못하는 매장은 도태될 수밖에 없다.

남들과 같아서는 성공할 수 없다

영업을 하다 보면 1년 단위로 반복되는 특수 수요의 주기를 경험하게 된다. 가전 업계에도 특수 수요의 주기가 분명하게 존재한다. 예를 들면 혼수나 이사, 입학과 졸업, 여름과 겨울 같은 계절은 매년 주기적으로 반복되는 매출 성수기이다. 12월부터 연초에는 입학과 졸업 수요로 인해 PC나 휴대폰, 카메라 같은 IT 제품이 가장 잘 팔린다. 냉방용품과 김치냉장고는 전체 수요의 60~80퍼센트 정도가 한 계절에 집중된다. 이때를 놓치면 한 해 농사는 망치는 셈이다. 이렇게 주기적으로 반복되는 수요가 확실할 때, 매출을 좌우하는 것은 사전 준비이다. 남들과 같이 준비해서는 얻을 게 별로 없을 뿐 아니라 치열한 경쟁을 해야 하지만, 남보다 한 걸음 앞서면 편하게 한철을 보낼 수 있다.

1994년 여름은 얼마나 무더웠던지 재고가 부족하여 에어컨 파동이 일어났다. 여름이 끝나고 이 기세를 겨울까지 이어갈 방법을 찾느라 고민을 거듭했다. 고민 끝에 여름 상품인 에어컨을 한겨울에 예약 판매하기로 했다. 지금은 흔한 일이 됐지만, 그 당시 겨울에 에어컨을 판다는 것은 알래스카에서 냉장고 파는 격이었다. 상식에 어긋나는 아이디어였으므로 판매 방식도 파격적이어야 했다. 그래서 예약금은 단돈 1만 원으로 했다. 가계에 부담이 없을 뿐 아니라, 여름에 에어컨을 최우선 공급한다는 개념이었다.

이렇게 단순한 발상이었음에도 더위에 한 번 혼이 난 고객들은 예약 판매에 큰 호응을 보였다. 계절 상품은 그 계절이 지나면 팔수 없다는 업계의 상식을 뛰어넘은 사건이었다. 한겨울 '에어컨 예약 판매'는 그해에 회사의 공식 판촉 활동으로 확정되어 지금까지도 이어지고 있다.

한번은 인근에 가전 양판점이 생긴다는 정보를 입수하고 대응 방안을 고심했다. 예상되는 개업 시기가 마침 김장철이라 김치냉장고에 초점을 맞추는 게 좋다고 생각했다. 김치냉장고는 수요의 80~90퍼센트가 김장철에 집중되는 제품이라 이것만 잘 팔면 충분히 승산이 있다고 판단했다. 그래서 김장 배추 파종이 시작되는 8월에 배추 농가와 사전 계약을 체결했다. 대량의 절임 배추를 확보하여 사은품으로 쓸 생각이었다. 그 당시 김치냉장고를 구입하면 배추 몇 포기를 사은품으로 주는 경우가 종종 있었다. 하지만 배추는 매장에서 보관하기도 어렵고 고객이 운반하기도 쉽지 않아 반응이 별로였다. 그런데 이번에 준비한 사은품은 절임 배추로, 심지어 김장 담그는 날에 집으로 배송까지 해주는 조건이었다.

김치냉장고 구매 고객들에게 절임 배추 교환권을 주고 원하는 날짜에 집까지 무료 배송한다는 아이디어 하나가 매장을 위기에서 구해내었다. 김장철 한 달 전에 판촉 행사를 열었는데, 주부들 사이에서 절임 배추는 인기 만점이었다. 이 아이디어는 외부에 노출이 되더라도 흉내 낼 수 없다는 큰 장점을 가지고 있었다. 얼마나 반응이 좋았던지, 절임 배추를 받으려고 김치냉장고를 구입하는 고객이 있을 정도였다.

2002년 월드컵은 연일 이어지는 승전보가 전국을 들썩이게 한 역사적 사건이었다. 우리 매장에서는 첫 경기 때부터 대형 프로젝션 TV를 매장 입구에 설치해놓고 실시간 경기 상황을 보여주었다. 때는 한여름이라 저녁이면 사람들이 무더위를 식히러 나왔는데, 대형 화면으로 경기를 볼 수 있다는 소문이 퍼져 삼삼오오 사람들이 몰려들었고, 순식간에 100여 명까지 불어났다. 놀라운 호응이었다. 그래서 다음 경기 때부터는 TV를 한 대 더 설치하고, 편히 앉을 자리와 더불어 시원한 생맥주를 무료로 제공했다. 때마침 생맥주 판촉 행사를 하는 주류 회사가 있어서 협력을 받았다.

덕분에 매장은 월드컵 기간 내내 응원 명소가 되었다. 당연히 매장의 인지도가 쑥쑥 올라가, 월드컵이 끝난 뒤 매출이 급증했다. 특히 프로젝션 TV의 판매는 몇 배나 뛰어 전체 매출을 이끌었다. 사전 준비의 힘은 이처럼 대단하다. 얼마나 치밀하게 준비하느냐에 따라 없던 수요를 새롭게 일으킨다.

목표를 달성하면 반드시 칭찬하라

업무를 수행할 때 '계획 수립-실행-점검Plan-Do-See' 절차를 습관화하라. 계획을 수립하고 이를 실행하고 결과를 점검한 다음 또다시 계획을 수정하는 업무 방식은 매우 유용하다. 그런데 보통 실행보다는 계획 수립 자체에 의미를 두거나, 실행을 하더라도 점검을 하지 않는 경향이 있다. 바꿔 말하면, 계획은 그럴듯한데 끈질기게 실행을 하지 못한다는 소리다.

사실 실행이 제대로 안 되는 것은 계획이 탄탄하지 못하기 때문이다. 허구와 미사여구만 늘어놓은 계획, 구호만 남발하는 계획, 두루뭉실한 계획은 일견 그럴듯해 보여도 현실성이 전혀 없다. 단 한 가지를 하더라도 구체적으로 수립해야 한다.

나는 새해가 되면 습관적으로 버킷리스트를 점검한다. 10년 전쯤 처음 작성했을 때는 20개를 적기도 힘들었는데 지금은 50여 개로 늘어났다. 또한 막연한 꿈이었던 것이 지금은 구체적인 꿈으로 변했다. 10여 년이 흐른 지금, 내 버킷리스트에는 이미 달성했음을 알리는 붉은 줄이 여러 개 그어져 있다. 내 인생의 Plan-Do-See 과정이 버킷리스트에서 이루어지고 있다.

우리나라 100대 명산을 완등하게 된 것도 따지고 보면 Plan-Do-See를 철저히 했기 때문이다. 계획만 세우고 실행을 소홀히 했다면, 또 산행 후 결과를 보면서 차기 산행 계획을 세우지 않았다면, 완등까지는 시간이 훨씬 많이 걸렸을지도 모른다.

업무의 완성도를 높이려면 계획을 수립하고 Plan, 실행하고 Do, 결과를 점검 See 하고 다시 계획을 수립 Plan 하는 과정을 몸에 익히자. 계획을 수립하고 추진하려는 의지는 매우 중요하다. 더구나 실적 점검은 성장과 발전에 꼭 필요한 일이다. 실적으로 표현되는 결과는 잘하거나 잘못한 과거의 기록이며, 기록을 보면서 수행 과정과 내용을 점검하는 것은 반성이다. 개인이고 조직이고 반성을 모르면 발전이 없는 법이다. 결과를 철저히 되돌아보고, 그것을 바탕으로 차기 계획을 다시 수립하는 습관을 가지자.

Plan 계획 수립 – Do 실행 – See 점검 가 업무의 기본이 되도록 하라.

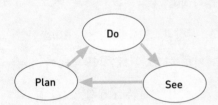

그림 5_ Plan–Do–See의 순환도

목표를 달성하는 기술

목표는 SMART[08] 하게 설정하라는 얘기를 들어봤을 것이다. 즉

---

08   SMART : Specific(구체적일 것), Measurable(측정할 수 있을 것), Achievable(달성할 수 있을 것), Realistic(현실성 있을 것), Time–based(구체적 일정)

구체적이고, 측정 가능하고, 달성 가능하며, 현실성 있게, 시간적 제한을 두고 설정해야 바람직한 목표가 된다고 한다. 나는 이렇게 목표를 세우는 것도 중요하지만 그 목표를 달성하는 과정이 더 중요하다고 생각한다. 목표는 끊임없는 관심과 철저한 관리가 뒤따라야 달성하기 쉽기 때문이다. 매장의 목표를 세웠다면 다음과 같이 구체적으로 관리해보자.

① 목표는 월별, 주별, 일별로 관리하라. 관리 주기가 길면 목표에 대한 관심도가 떨어지고 부진을 만회하기가 어렵다. 반면에 관리 주기가 너무 짧으면 식상하게 된다. 일별 목표를 정하여 하루 중 한 번은 반드시 점검하는 습관을 가지자. 주 단위 점검은 한 달의 남은 기간을 대비하는 데 유용하고, 월 단위 점검은 다음 달 목표 수립이나 분기 단위를 점검하는 데 쓰인다.

② 목표 관리는 점장 혼자만 하지 말고 전 직원이 함께 참여하라. 목표는 직책을 가진 몇몇 사람의 책임이 아니라 조직 전체의 책임이다. 그러므로 개개인에게도 목표를 부여하라. 목표에 무책임한 직원은 제 몫을 충실히 이행하지 않는 자다. 물방울이 모여야 냇물이 되듯, 한 사람 한 사람의 목표가 달성될 때 전체의 목표도 달성된다. 직원에게 목표를 부여할 때도 무조건 하달하지 말고, 스스로가 책정하게 하여 목표 의식을 심어주는 것이

좋다. 다만 스스로 책정할 때 목표가 소극적일 수 있으므로, 그럴 땐 매장 전체 목표에 맞추어 차이를 조정하도록 한다. 이처럼 목표는 전 직원이 공감하고 참여하는 것이 중요하다.

③ 목표는 세분화하라. 목표를 다각도로 쪼개고 보면 넘지 못할 벽이 아니란 걸 쉽게 알 수 있다. 날짜별, 개인별, 매장별, 품목별로 가능한 한 충분히 나누라. 예를 들어 월간 판매 목표가 1억이라면, 한 사람이 볼 때는 많아 보이지만 직원 다섯 명이 각자 2,000만 원씩 달성하면 된다. 날짜로 치면 하루 330만 원, 품목으로는 TV 몇 대, 냉장고 몇 대, 세탁기 몇 대 하는 식으로 목표를 나눌 수 있게 된다. 하루에 한 사람당 TV 한 대, 냉장고 한 대만 팔면 목표는 달성되는 셈이다. 월간 목표 얼마보다는 하루에 직원 한 사람이 어떤 품목을, 얼마를 팔아야 한다는 개념이 훨씬 받아들이기 쉽고 달성하기 쉽다. 이처럼 목표를 잘게 쪼개고 보면 이를 달성하기 위한 다양한 방법들도 쉽게 떠오른다.

④ 말보다는 숫자로 관리하고, 진행 과정을 눈으로 볼 수 있도록 시각화하라. 말로만 하면 잔소리가 되므로 구체적인 숫자로 관리하라. 숫자로 측정할 수 없으면 관리할 수 없다는 말이 있다. 숫자로 구체화되지 않은 목표는 제구실을 못 한다. 숫자에 도표나 그림을 가미하여 진행 과정을 볼 수 있도록 공개하라.

보험회사 사무실 벽을 떠올려보라. 다양한 형태의 구호와 실적 그래프, 시상 내용 따위가 지나치다 싶을 정도로 많이 붙은 것을 볼 수 있다. 이처럼 목표와 실적을 시각화하면 효과가 훨씬 크다.

⑤ 목표를 달성하면 반드시 칭찬하라. 놀아본 사람이 잘 놀고, 고기도 먹어본 사람이 잘 먹는다고 한다. 칭찬은 고래도 춤추게 한다고 하지 않는가? 칭찬을 받은 사람이 다음 목표도 달성하기 쉽다. 항상 가능성을 부여해주고 긍정의 힘으로 직원들을 격려하라.

고객은 **영업 사원이 아니라 컨설턴트를 원한다**

앞에서 매출의 기본 원리에 대해 소개했다. 그리고 고객을 매장으로 끌어모으는 일부터 판매에 이르기까지 각 단계별로 해야 할 매장 활동에 대해 알아보았다. 여기서 주목할 점은 머리로 이해하는 것이 아니라 몸으로 실천한다는 것이다. 성과를 내기 위해서는 생각하는 것도 중요하지만 행동해야만 한다. 아무리 좋은 영업 이론도 현장에서 실행하지 않으면 아무런 의미가 없다.

세상에 영업을 하는 사람들이 무수히 많지만 그들이 모두 성공하지는 못한다. 그러면 성공한 사람들에게는 어떤 공통점이 있을까? 내가 만나본 이들에게는 그들만의 독특한 성공 방식이 있다. 그런데 지금 생각해보면 그 방식들이 매출의 원리에서 벗어나지 않는다. 그들은 누가 가르쳐주지 않았음에도 매출의 원리를 터득한 것이다. 삼성전자 디지털프라자에서 연간 매출 20억을 올리며 '걸어 다니는 점포'로 불리는 이정호 과장 이야기를 통해 매출 원리를 다시 짚어보자.

자기 PR을 잘해야 한다

요즘은 자기 PR 시대라고 한다. 페이스북, 인스타그램, 카카오스토리 같은 SNS 공간에서 사람들은 자기를 드러내는 데 익숙하다. 여행, 취미, 맛집 방문기를 사진이나 동영상으로 공유할 뿐 아니라 자기 생각을 다양하게 표현하기도 한다. SNS를 통해 적극적으로 나를 알리고 친구를 사귀며, 새로운 문화를 만들어간다. 직장 생활도 마찬가지다. 성실한 자세로 묵묵히 일하는 것이 바람직하던 때는 지났다. 자기 성과를 드러낼 줄 알아야 상사에게 인정을 받기도 하고 승진과 직결되기도 한다. 하물며 고객을 상대하는 영업 사원이야 말할 필요가 있을까? 고객이 인정해주지 않는 영업 사원에게서 기대할 성과란 없다.

매장 컨설팅을 하며 전국을 돌아다닐 때였다. 경북지사 교육장에 들어섰는데, 교육장 벽면이 온통 우수 판매자의 사진으로 장식돼 있었다. 그런데 특이하게도 매월 판매왕 사진이 거의 같은 사람 것이었다. 그 주인공은 '황금점의 나비넥타이'로 명성을 날리는 이정호 과장이었다.

입사 직후, 이 과장은 고객들이 영업 사원 이름을 잘 기억 못 한다는 것을 알았다. 어떻게 하면 자기 이름을 오래 기억하게 할까 고민하다가 나비넥타이를 매기 시작했다. 당시 나비넥타이는 나이트클럽 웨이터나 맨다는 이미지가 있어서 매장에서 맬 생각을 하기는 힘들었다. 하지만 그는 매일 나비넥타이를 바꿔 매고 과장된 몸짓과 큰 목소리로 고객들을 향해 외쳤다. "나비넥타이입니다! 기억해 주십시오!"

처음엔 고객들도 인사 받는 것을 어색해했는데 반복적으로 듣다 보니 익숙해졌다. 매장에 들어서면 이름 대신 자연스럽게 나비넥타이를 찾는 고객들이 늘어났다. '그 이상한 넥타이 맨 총각'은 그렇게 고객들 머릿속에 각인되었다. 이 과장은 매장에서만 그러는 것이 아니라, 사적으로 사람들을 만나도 언제나 '황금점 나비넥타이'임을 알린다. 이미지 관리를 위해서 매일 나비넥타이를 바꿔 매는데, 보유하고 있는 것만도 50개나 된다. 이렇게 황금점 나비넥타이로 통하는 젊은 직원은 매장에서 스타로 떠오르더니, 곧 전국 판매왕 자리에까지 올랐다. 물론 그가 판매왕에 오르기까지 단지 PR에만 신경 쓴 것은 아니다. 자기 PR은 고객들이 기억하기 쉽게 하는 수단이었을 뿐이다.

고객에게 우리는 어떤 모습으로 기억되고 있는가? 혹 존재감이 없거나 부정적인 모습으로 비치고 있지는 않은가? 고객이 제품을 구매하고자 할 때 가장 먼저 떠올리는 매장이 되고, 매장에 들어섰을 때 가장 먼저 찾는 영업 사원이 되자.

장사 잘하는
매장의 영업 비밀

영업 사원이 제품만 판매하고 마는 시대는 지났다. 최근 고객들은 넘쳐나는 정보 속에서 살고 있다. 매장이나 상품 정보가 여기저기 넘쳐흐르고, 경쟁은 그만큼 치열해졌다. 굳이 영업 사원이 설명해주지 않아도 고객들은 스스로 적절한 상품을 선택할 수 있게 되었다. 그렇다면 이제 영업 사원의 역할은 사라지고 말 것인가? 아니다. 영업 사원의 역할이 달라질 뿐이다. 예전 방식으로 상품을 권유하거나 인정에 호소하는 영업이 아니라, 고객의 삶에 가치를 부여하는 영업으로 변화하는 것이다.

새로운 가치 제안, 즉 라이프 컨설팅이 필요하다. 영업도 한 단계 업그레이드되어야 한다. 고객 한 사람 한 사람은 각자 다른 환경과 처지에서 살고 있다. 경험이나 철학도 제각각이다. 그렇기 때문에 생활에서 제품이 차지하는 의미나 위치도 다를 수밖에 없다. 제품을 사용함으로써 삶이 활기를 찾고 생활이 풍부해진다면 고객은 기꺼이 충분한 대가를 지불하려고 할 것이다. 따라서 고객의 삶을 풍부하게 하고 삶에 가치를 부여하도록 도와주는 것이 오늘날 판매자의 역할이라고 할 수 있다. 판매자는 단순히 제품을 파는 것이 아니라, 잠재된 욕구를 이해하고 고객의 문제를 해결해줄 수 있어야 한다. 이제 고객에게 필요한 것은 영업 사원이 아니라 라이프 컨설턴트다.

나비넥타이 이정호 과장은 고객들에게 만능 해결사로 불린다. 제품 판매를 말하는 게 아니다. 상담을 할 때 고객의 욕구를 찾아내는 데 중점을 두고, 욕구를 충족시키기 위해 노력하다 보니 고객이 감동하게 된다. 한번은 영업이 끝날 무렵 고객이 방문했다. 병원에 입원을 해야 하는데, 그 상황에서도 업무를 봐야 한다면서 노트북을 구입하러 온 것이다. 그런데 업무를 보려면 반드시 무선인터넷이 되어야 했다. 이 문제로 고객이 안절부절못하자 이정호 과장은 마치 자기 일처럼 해당 병원에 전화를 걸어 인터넷이 되는지를 확인해주었다. 고객은 고마운 마음으로 노트북을 구입해 병원에 입원했는데, 너무 서두르는 바람에 마우스를 매장에 두고 갔다. 깨달았을 때는 이미 매장이 문을 닫은 뒤라 난감해하고 있는데, 마침 이정호 과장이 전화를 걸어 무선인터넷이 잘 되는지 물었다. 자초지종을 얘기하자 늦은 시각에도 불구하고 직접 마우스를 전달하러 왔다. 더구나 한 손엔 병문안 선물까지 들고 있었으니 감동하지 않을 수 없었다.

그러면 라이프 컨설턴트는 어떻게 되는 것인가? 일단은 고객에 대해서 많이 알아야 한다. 알아야 고객의 욕구를 파악할 수 있기 때문이다. 이정호 과장은 접객을 할 때 곧바로 제품 상담부터 하지 않는다. 고객의 일상에 관심을 갖고 자연스럽게 대화를 주고받는다. 이렇게 대화를 하다 보면 고객의 사소한 관심이나 고민이 수면 위로 떠오를 때가 많다고 한다. 아침을 거르고 서둘러 학교 가는 아이의 건강 걱정이나 신경이 예민해 소음이 거슬리는 문제는 가벼운 대화 중에 나온다. 단순히 원하는 전자레인지나 세탁기를 팔았다면 고객의 이런 고민을 해결해줄 수 없었을 테지만, 고민을 나누고 또 적합한 제품을 권하니 결국엔 행복한 웃음이 터져 나오게 된다.

장사를 잘하는 매장은 단골 고객들의 사랑방 구실을 하고, 영업 사원들은 컨설턴트 역할을 한다. 고객들은 매장에서 차 한잔을 나누고, 컨설턴트에게 사소한 고민을 털어놓고 지혜를 구한다. 그렇게 해서 문제가 해결되면 컨설턴트를 신뢰하게 되고 점점 더 의존도가 높아지게 된다. 최고의 영업 사원이 되려면 단순히 제품만 팔아서 는 안 된다. 고객이 안고 있는 문제 해결을 위해서 아이디어와 지식 을 제공해주는 라이프 컨설턴트가 되어야 한다.

영업의 고수는 단골 고객이 많다

영업에 있어 가장 중요한 것 중 하나가 단골 고객 확보다. 단골 고객은 지속적인 구매로 매출을 보장할 뿐 아니라 자발적으로 매장이나 상품을 홍보하는 고마운 존재이다. 영업을 잘하는 사람들의 또 다른 공통점은 단골 고객이 많다는 것이다. 단골 고객이 없다는 것은 영업이 서투르다는 반증이다.

영업 사원부터 시작해 점장이 되기까지 승승장구한 인물이 있다. 인상 좋은 그가 새로 개업하는 매장에 점장으로 발령을 받았다. 신규점은 매장 위치가 그리 좋지 않은 데다가 점장은 먼 지역에서 부임하는 터라 주위에서 걱정을 많이 했다. 목표를 달성하기엔 주위 환경이 너무 열악했던 것이다.

개업을 며칠 앞두고 그와 얘기를 하면서 걱정을 담아 격려를 하는데, 그는 오히려 자신만만했다. 그러고는 자기의 소중한 보물이라며 닳고 닳은 수첩 하나를 보여주었다. 한 장 한 장 깨알 같은 글씨가 빼곡한 그것은 단골 고객들 명단이었다. 신입 사원 시절부터 적어온 수첩에는 고객들의 경조사뿐 아니라 소소한 일들까지 자세히 적혀 있었다. 그는 단골 고객이 몇백 명이나 되기 때문에 초반의 어려움을 충분히 극복할 수 있고, 그 지역 고객들은 서서히 확보해나가면 된다고 했다.

내심 '아무리 단골이라 해도 먼 곳에서 굳이 이 매장을 이용하러

올까?' 하는 의문이 들었다. 또한 점장 한 사람의 단골 고객들로 매장의 근본적인 문제를 해결할 수 있을까 싶었다. 그런데 막상 뚜껑을 열어보니, 매출의 많은 부분을 점장의 단골 고객들이 해결해주고 있었다. 이들은 먼 곳에서 일부러 찾아올 필요도 없었다. 전화로 주문을 하면 배송까지 완벽하게 마무리를 해주었기 때문이다. 점장과 고객의 관계는 생각 이상으로 돈독해서 금세 주위의 우려를 말끔히 씻어버릴 수 있었다.

나비넥타이 이정호 과장에게도 고객의 이름을 정리한 수첩이 있다. 300명 가까운 고객 한 사람 한 사람의 상담 내용을 기록한 소중한 자산이다. 거기에는 단골 고객, 혼수 가망 고객, 이사 예정 고객들이 별도로 구분되어 있다. 분류에 따라 고객에게 도움이 될 만한 판촉을 하고, 신제품이 나올 때는 해당 고객들을 선별하여 연락을 한다. 요즘 화두로 떠오른 데이터베이스 영업을 오래전부터 해온 셈이다. 웬만한 매장은 고객 DB가 잘 구축되어 있기 때문에 고객 개인별로 누적된 마일리지나 제품 이력을 관리할 수 있다. 또한 서비스 기간과 교체 시기 등을 적절히 안내할 수 있다. 이정호 과장은 고객 수첩뿐 아니라 이러한 시스템도 매우 잘 활용한다.

매출 실적이 뛰어난 사람들에게는, 형태는 다르지만 단골 고객 수첩이 하나씩 있다. 새로운 제품이 출시된다든지, 특수 시즌이 돌아올 때, 매출이 저조할 때 이 수첩들은 긴요하게 활용된다.

영업 사원과 고객은 서로 신뢰할 때 의미 있는 관계가 형성되며, 고객에게 지속적인 관심을 보일 때 열매를 맺게 된다. 지금 바로 당신의 단골 고객을 세어보라. 없다면 지금부터라도 고객 수첩을 만들어 관리하자. 당신이 고객을 보물처럼 소중히 여기면 고객도 매출을 통해 무한한 신뢰를 보내올 것이다.

고객과의 약속은 반드시 지켜라

체포될 줄 알면서도 한 소년과의 약속을 지키기 위해 나타난 안창호 선생의 일화는 유명하다. 이렇듯이 약속은 목숨과도 바꿀 만한 가치가 있다. 특히 고객과의 약속은 영업인에게 무엇보다 중요하다. 이것은 고객이 매장에 신뢰를 보내는 여러 요소들 중 으뜸이다.

영업 사원들은 상담을 할 때, 계약 체결 전까지 조바심을 낸다. 자연스런 심리이지만, 그러다 보니 무리한 약속을 하는 경우가 종종 있다. 가전 매장 직원들이 하는 흔한 약속 위반 사례를 보면 배송(설치), 사은품 지급, 품절 상품 판매 등이다. 대도시에서 배송 시간 맞추기가 어렵다는 것쯤 누구나 아는 일이다. 그런데도 시간을 장담해놓고 이를 수습하느라 애쓰는 영업 사원을 자주 본다. 바쁜 고객의 시간을 허비케 하고 매장 불신을 자초하는 일이다.

사은품 지급과 관련한 고객 불만도 심심치 않게 발생한다. 사실 영업 사원 마음대로 고객에게 줄 수 있는 추가 혜택은 거의 없다. 점장의 허락을 받아야 하거나 대외적으로 협의를 해야 하기도 한다. 그런데 빨리 계약하고픈 마음에 멋대로 지급 약속을 했다가 결국엔 매장에 금전적 손해를 입히는 경우도 있다. 품절 상품을 구해주겠다고 약속해버리면, 도대체 그것을 찾는 데 얼마나 많은 수고와 노력을 들여야 할까?

일상에서 흔히 접할 수 있는 광고물에도 허위 약속들이 있다. '서울까지 차로 30분, 지하철까지 걸어서 5분'이라고 표시된 아파트나 상가의 분양 광고는 실제로 그렇지 않은 경우가 많다. 최고의 합격률을 자랑하는 입시 학원, 흉터나 부작용이 없다는 성형외과, 식의약품의 과다한 효능이나 효과를 내세우는 경우도 비슷한 예이다.

약속은 지키자고 하는 것이다. 지키지 못할 약속을 하는 것은 고객을 기만하는 일이다. 고객에게 한 약속은 개인이 한 일이라고 해서 매장에서 모른 체하거나, 또는 매장의 일이라고 해서 개인이 모른 체할 성질의 것이 아니다. 아무리 사소한 일이라도 고객과의 약속은 반드시 지켜야 한다.

한번 고객을 잃으면 다시 거래하기는 어렵다는 사실을 명심하자. 약속을 할 때는 신중히 하고, 기왕 약속을 했으면 반드시 지켜야 한다. 무리한 약속이란 것을 알고 있는데도 그것이 이루어지면 고객은 감동한다.

그 매장에는 왜
사람이 몰릴까

매년 수많은 매장이 생기고, 적지 않은 매장이 문을 닫는다. 어떤 매장은 고객들로 문전성시를 이루고 어떤 매장은 기대치에 훨씬 못 미치기도 한다. 고객들이 찾지 않는 매장은 입지 선정이 잘못된 경우가 많다. 입지 문제가 아닌데도 장사가 잘 안 되는 경우에는 분명히 매장 내에 문제가 있다. 그렇다면 장사를 잘하는 매장은 어떤 점이 다를까? 삼성전자에서 소매 영업의 일선에 있는 디지털프라자 매장들의 사례를 알아보자.

매장이 아무리 좋은 운영 시스템을 갖추고 있다 하더라도 실행의 주체인 사람이 받쳐주지 않으면 그림의 떡이다. 직원들의 능력이 곧 매장의 능력이라고 해도 과언이 아니다. 규모가 작은 매장들은 제대로 된 회사 모양새를 갖추기가 어렵다. 때문에 체계적인 교육과 육성 프로그램은 생각조차 못하는 곳이 많다. 직원들을 채용해서 기본 지식도 없이 현장에 배치하다 보니 안정화되기까지 시간이 오래 걸린다. 매장 사정이 급하다고 해서 서두르다가는 낭패를 보기 십상이다. 급하더라도 필요한 교육은 해야 한다. 매장에서 근무할 직원에게는 영업 사원의 자질이라 할 수 있는 기본 교육, 즉 근무 자세, 접객 예절 교육이 필수이다. 그다음 매장의 운영 체계를 익히게 하고, 매장에서 취급하는 제품이나 서비스에 대한 지식을 갖추도록 한다.

소규모 도시에 있는 C 매장은 대도시 못지않은 성과를 내고 있다. 사장은 직원들의 상품 지식을 높이기 위해 제품 마스터 자격증 취득을 적극 권장한다. 자격증을 취득하면 개별 보상을 해주는 장려책 덕분에 전 직원이 자격증을 취득하는 데 몰두했다. 자격증을 취득하면서 자연스럽게 개별 판매 실적도 크게 향상되었다. 어느 날 조회 시간, 경리 여직원이 자기도 자격증을 따겠다고 직원들 앞에서 선언했다. 자격증 따는 게 만만치 않다는 걸 아는 직원들은 코

웃음을 쳤다. 그런데 얼마 동안 악착같이 공부하더니 정말로 자격증을 취득했다. 그러고 나서 경리 업무를 보는 틈틈이 판매를 돕다가, 지금은 베테랑 영업 사원이 되었다.

직원의 능력이 곧 매장의 능력이라고 확신하는 점장들은 직원들의 접객 능력을 높이는 데 관심을 기울인다. 당신이 점장이라면 신규 사원을 채용했을 때 어떻게 육성할까 고민하라. 여러 가지 교육 방식 중 매장 상황에 맞는 방법을 채택하여 실천하라.

신규 사원을 육성하는 좋은 방법 중 하나는 선배 사원과 조를 편성하여 현장에서 배우게 하는 것이다. 이를 OJT On the Job Training, 현장훈련 라고 한다. 이때 교육을 책임지는 선배는 긍정적이고 적극적으로 업무를 수행하여 성과를 내는 사원이어야 한다. 백지 상태에서 처음 받아들이는 마음가짐이나 지식들이 신입 사원의 미래를 좌우할 수 있기 때문이다. 선배 사원과 짝이 되어 접객, 판매 상담, 업무 처리 과정을 몸소 체험하는 현장 교육이니만큼 제대로 효과가 날 것이다.

OJT 과정이 지나면 상품 교육에 집중해야 한다. 제품에 대한 전문적이고 해박한 지식이 영업 사원에게는 자신감을, 고객에게는 신뢰감을 주기 때문이다. 신제품 정보나 정책 내용을 완벽하게 알고 있으면 실수나 판매 실패가 줄어든다.

그다음 우수 사원들의 사례를 통해 판매 경험을 교육하는 방법이 있다. 선배의 사례를 통해 임기응변이나 고객 맞춤형 응대법 등을 체득하여 믿음직한 영업 사원으로 성장하게 된다. 가전 매장에서 가장 효과적인 교육 방법 중 하나는 배송지까지 동행해서 제품 설치 전 과정을 지켜보게 하는 것이다. 이렇게 하면 현장에서 제품을 조작해볼 수 있을 뿐 아니라 고객의 목소리를 생생하게 들을 수 있고, 고객이 사용하는 가전제품도 파악할 수 있다는 장점이 있다. 또 하나, 매장에서 언제든 할 수 있는 교육 방식으로 롤플레잉을 꼽을 수 있다. 한 사람은 고객이 되고 다른 한 사람은 영업 사원이 되어 역할극을 하는데, 가상현실을 통해 다양한 상황을 경험할 수 있고 효과도 뛰어나다.

신입 사원을 베테랑 사원으로 육성시키기 위한 학습 방법을 다시 정리해보면 다음과 같다.

① OJT : 베테랑 사원과 조를 편성해주고 실무를 통해 업무를 이해하고 업무 처리 절차를 배우게 한다.
② 상품 교육 : 취급하고 있는 상품의 기능, 특장점, 사용 방법 등 기초 지식을 교육한다.
③ 우수 사례 : 간접 경험을 체득한다.
④ 현장 실습 : 배송이나 서비스를 직접 수행하면서 현장에서 고객의 소리를 들어보게 한다.
⑤ 롤플레잉 : 고객과 판매자의 역할극을 통해 여러 상황에 대처하는 능력을 키운다.

장사를 잘하는 매장에는 유능한 직원들이 많다. 이들 매장은 유능한 직원을 양성하기 위한 교육 체계를 잘 갖추고 있다는 공통점이 있다. 직원 한 사람 한 사람의 실적을 모으면 매장의 실적이 된

다. 이 단순한 이치를 터득한 사람이라면 직원들을 양성하기 위한
노력을 아끼지 않을 것이다.

내부 직원
CS가 우선이다

성과가 부진한 매장을 컨설팅하다 보면 대부분의 문제점들
이 내부에 있다는 것을 알게 된다. 그런 매장의 공통점은 직원의 이
직율이 매우 높다는 것인데, 가장 큰 원인은 점장과 직원들 간 소통
의 부재다. 점장은 직원들이 뜻대로 움직이지 않아서 불만이고, 직
원들은 리더의 일방적인 지시와 비인간적인 대우에 불만을 갖는
다. 해소할 방법을 찾지 못한 채 불만이 쌓이다가, 결국엔 매장 분위
기가 폭발 직전에 이르게 된다. 이런 상황에서 어떤 성과가 나오겠
는가?

스타벅스 경영자 하워드 슐츠는 "우리 회사의 최우선 순위는 직
원입니다. 왜냐하면 직원들이야말로 회사의 열정을 고객에게 전달
하는 책임을 지는 사람들이니까요. 그다음 두 번째가 고객 만족입
니다"라고 직원의 소중함에 대해 말했다. 사우스웨스트항공의 허브
켈러허 전 회장도 직원, 고객, 주주 중에서 누가 가장 중요하냐는 질
문에 직원이라고 답했다. 직원이 행복하고 만족하며 헌신적이고 에
너지가 충만하게 되면 고객에게 서비스를 잘하게 되며, 고객이 행

복하면 그들은 다시 오게 되고, 그러면 그 성과로 주주도 만족하게 된다고 주장한다.

불만이 있는 직원은 테러리스트란 말이 있다. 미꾸라지 한 마리가 물을 흐리듯 그들은 매장 서비스의 질을 송두리째 파괴할 수 있기 때문이다. 다른 직원들이 아무리 잘해도 한 명이 잘못하면 고객 만족은 허사가 된다. 그래서 직원들에게 투자하고 육성하며, 이해와 소통을 통해 가치를 공유하는 일이 중요하다. 리더가 직원을 상생의 대상으로 여기면 근무 환경이 지금과는 달라질 것이며, 일방적 지시보다는 양방향 소통을 원활하게 할 것이다. 근무 환경이 안정되어야 직원들이 고객과 돈독한 관계를 쌓을 수 있다는 점을 명심해야 한다.

E 매장은 매월 경영 실적을 직원들과 공유하고 있다. 점장은 투명 경영을 신조로 삼고 직원들과 경영 성과를 나누고 있으며, 직원 복리를 위해 다양한 체계를 갖추고 있다. 겉으론 엄한 듯 보이지만 자주 직원들의 의견을 청취하고 이를 소중히 다룬다. 또한 매장 운영에 관해 직원들에게 일정 부분 권한을 부여하고 있다. 이렇다 보니 직원들이 고객을 대하는 태도가 다른 매장과 확연히 다르다. 그뿐 아니라, 매장이 어려우면 이를 극복하려고 적극적으로 애를 쓴다. E 매장의 성과가 항상 좋을 수밖에 없는 이유다.

매장마다 형편이 다르지만, 잘한다는 곳들은 직원들과 소통하기를 소홀히 하지 않는다. 업무를 분배하거나 휴무일을 정하는 일, 판촉 행사 준비에 직원들의 의견을 반영하다 보면 자연스럽게 마음을 터놓게 된다. 소통이 원활한 매장이라고 해서 문제가 없지는 않지만, 문제가 있어도 직원들이 적극적으로 이를 극복해낸다는 점이 다르다. 이처럼 직원들을 소중히 여기고 일터를 가정처럼 포근하게 만드는 노력이 필요하다.

　장사를 잘하는 매장은 직원들을 소중히 여긴다. 고객 만족의 첫 번째 조건은 직원 만족이다.

매출이 점점 떨어지는 매장의 공통점

　매장의 규모가 커지다 보면 많은 사람들이 근무할 수밖에 없다. 또한 업종 간 융합도 활발해져서 숍인숍 형태로 운영되는 매장이 점차 늘고 있다. 이렇게 근무 인원이 많은 곳에서 흔히 볼 수 있는 현상 중 하나가, 매장에서 각기 다른 목소리를 내는 것이다. 매장 운영 기준이 제대로 갖춰지지 않았거나 커뮤니케이션이 원활하지 않은 경우, 직원들마다 고객을 대하는 방식이 다르다. 분명 한 회사인데도 직원들이 하는 말이나 행동이 제각각이라 고객은 헷갈리게 된다. 근무하는 직원 수가 적든 많든, 같은 공간에서 일하거나 같은 회사 이름을 달고 근무하는 사람들은 한 사람 한 사람이 회사를 대표하게 된다. 따라서 고객에게는 통일된 목소리, 일관된 메시지를 전해야 한다.

실적이 부진한 매장들의 공통점 중 또 다른 하나는 직원들 사이의 소통 부재다. 직원 간 소통을 가로막는 벽이 있으면 고객을 대할 때 이상이 생긴다. 특히 아르바이트나 파트타이머와 정직원 사이에 그런 현상이 빈번하다. 또한 숍인숍 직원의 경우 매장 외에도 따로 지시를 내리는 곳이 있다 보니 그런 경우가 발생한다. 이러저러한 이유로 매장 내 소통과 통제가 이루어지지 않으면 매장은 일관성을 잃게 되고 고객은 혼란을 느끼게 된다. 사실 고객 눈에는 매장에서 근무하는 사람이 모두 직원으로 보인다. 누가 아르바이트고 누가 숍인숍 직원인지 알 수도 없고 알 필요도 없다. 특히 전화로 문의하는 경우, 얼굴을 보면서 하는 대화가 아니라서 실수할 소지가 많다.

예전에 일본 연수 중 겪은 일이다. 출근 전에 음료를 사려고 조그만 식료품점에 갔는데 문이 잠겨 기다려야 했다. 매장 안에서는 직원들이 둥글게 모여 뭔가를 한다. 사람은 셋뿐인데, 한참동안 대화를 하더니 구호를 외치고 마무리한다. 물건을 들고 계산을 하면서 오늘 아침 모임에 대해서 물어보니 조회를 했다고 한다. 이 가게에서는 매일 조회를 하는데, 그날 중점 판매해야 할 상품과 반드시 처리해야 할 일을 공유하고 어제 왔던 고객의 이러저러한 의견에 대해 고민했다고 한다. 일본은 이처럼 아무리 작은 가게라도 반드시 조회를 한다. 우리나라 대부분의 매장들은 업무 시작 전에 조회를 하지 않는다.

"바빠 죽겠는데 무슨 조회야?"

"조회를 한다 해도 하루 이틀 정도 하면 할 말이 없어."

"사람도 몇 안 되는데 매일 얼굴 마주 보려니 쑥스러워서……."

여러 가지 사정들이 많기는 하지만 조회는 영업장에서 매우 중요한 일이다. 오늘 하루 해야 할 여러 가지 업무들을 공유하는 자리이며, 매장이 한 목소리를 내고 직원들이 한 몸처럼 움직이기 위한 소통의 장이기 때문이다.

삼성 디지털프라자에서는 매장 문을 열기 전 '굿모닝 쇼'라는 이름으로 조회를 한다. 직원들이 마음의 문을 열고 밝은 웃음으로 시작해야 하루 종일 기분 좋게 고객을 맞이할 거란 생각에서 그렇게 부른다. 자유로운 체조로 몸을 풀고, 다 같이 서로에게 기를 불어넣는 의식을 한다. 어제 실적이 좋았던 직원에게는 칭찬의 기를, 그렇지 못했던 직원에게는 응원의 기를 불어넣는다. 즐거운 쇼처럼 요란한 의식을 하고 나면 마음도 밝아지고 긍정적인 기운이 넘쳐난다. 실적을 따져가며 스트레스를 주지 않고 오히려 응원하고 격려함으로써 '할 수 있다'는 자신감을 불어넣는다.

한바탕 쇼타임이 끝나면 일정표에 따라 제품 교육을 하거나 주요 전달 사항을 공유하여 접객에 차질이 없도록 하고 있다. 처음엔 우리 정서상 생소한 '굿모닝 쇼'를 실시하는 데 어려움이 많았다. 그러나 그 생소함을 극복하고 나니 전보다 매장 분위기가 밝아지고 생기가 돌며, 직원간 협조가 잘된다고 한다. 매장 내 소통 문화가 자리 잡히니 고객들의 만족도가 높아지고, 불만이 생겨도 신속하게 해결된다.

장사를 잘하는 매장은 내부 소통이 잘 이루어진다. 소통은 직원 사이에 벽을 없애고 이해와 배려를 가져온다. 이것이 힘의 원천이다. 조회는 매장에서 소통하는 데 매우 유용한 방법이다.

즐거운 일터를 만들면 매출이 늘어난다

우리는 활동 시간의 대부분을 직장에서 보낸다. 직장은 주요 소득원이기도 하지만 스트레스를 가장 많이 받는 곳이기도 하다. 월요병이 생길 만큼 가기 싫은 곳, 그럼에도 꼭 가야 하는 곳. 직장이 이렇듯 스트레스를 양산하는 곳이란 걸 어떻게 받아들여야 할까? 직장이 가고 싶은 곳, 즐거운 일터가 된다면 얼마나 좋을까? 출근길 발걸음이 가벼우면 하루 일이 잘 풀리는 경험을 한 번쯤 했을 것이다. 즐겁게 일해야 성과가 나는 법. 한 사람의 힘으로 될 일은 아니지만, 만약 그 한 사람이 책임 있는 위치에 있다면 충분히 즐거운 직장을 만들 수도 있다. 점장으로서 즐거운 일터를 만들기 위한 몇 가지 팁을 참고해보자.

영업 사원들과 얘기를 나누다 보면 꿈을 가진 사람이 드물다는 것을 알게 된다. 그저 열심히 일을 할 뿐 '어떤 모습으로 발전하겠다'라는 생각이 없다. 꿈이 없으면 생명력을 잃은 것이나 매한가지이며 삶이 무기력해진다. 사람은 꿈이 있어야만 발전한다.

텟펜이라는 일본식 주점의 조회는 요란하고 시끌벅적하기로 유명하다. 매일 점장의 선창과 함께 매장이 떠나가도록 각자의 비전을 외쳐대기 때문이다. 직원들은 매일매일 서로의 비전을 공유하고 격려하며, 꿈을 이루기 위해 노력한다. 그래서 주점은 항상 활기에 넘치고 직원들은 정성 들여 고객을 대접한다.

공채가 아닌 영업 사원으로 입사해서 최연소 점장, 임원까지 승진한 Y 상무는 삼성전자 판매의 입지전적인 인물이다. 그가 점장을 하던 시절은 영업 사원 출신이 임원으로 승진하는 것 자체를 상상하기 어려운 때였는데, 그는 가슴속에 항상 삼성의 임원이 되는 꿈을 갖고 있었다. 그는 영업 사원일 때 점장이 되고 싶어 했고, 점장일 때는 지사장과 임원을 꿈꾸면서 남다른 길을 걸어왔다. 꿈을 실현시키기 위해 남보다 더 많은 노력을 기울인 결과 모든 면에서 최초이거나 1등으로 앞서갔다. 긍정의 아이콘이었던 그에게는 아무리 힘든 상황도 장벽이 되지 못했다. 열심히 하면 언젠가 임원이 될 수 있다는 비전을 가졌기에 흔들림 없이 나아갈 수 있었다.

직장인들은 대개 성공한 선배들의 모습에서 비전을 갖게 된다고 한다. 그런 면에서 직원들에게 비전을 보여주지 못하는 점장은 리더의 자격이 없다고 할 수 있다. 점장은 영업 사원들이 꿈꾸는 대상이어야 한다. 사람은 꿈을 이루기 위해 부족한 역량을 채우려 노력하면서 성장하게 된다. 그러니 모든 이가 꿈을 가지게 하라. 직원에게 어떤 비전을 줄 것인가를 당장 고민하라. 열심히 하면 수입이 늘어나고 높은 지위에 오를 수 있다는 걸 보여주어라. 시급제 직원은 정규직이, 정규직은 관리자가, 관리자는 점장이 되는 꿈을 실현할 수 있는 직장을 만들라.

칭찬하고 소통하라

앞서 설명했듯 디지털프라자의 조회는 '굿모닝 쇼'라고 불린다. 이곳의 조회는 칭찬과 격려의 말 일색이다. 조회는 오락이나 쇼처럼 진행해서 내내 웃음과 즐거운 기운이 차고 넘친다. 기분 좋게 하루를 시작하니 매장 분위기는 밝고 고객 응대는 언제나 활기차다.

얼마 전 TV에서 말 한마디가 주는 놀라운 효과에 대한 프로그램을 보았다. '고맙습니다'란 말을 들은 밥과 '짜증난다'는 말을 들은 밥에 대한 실험인데, 4주 후 긍정의 말을 들은 밥은 향기로운 누룩이 되고 부정의 말을 들은 밥은 부패했다는 내용이었다. 말 한마디의 기적이 아닐 수 없다.

컨설팅을 하다 보면 성과가 나지 않는 매장일수록 직원들과 소통이 단절돼 있다. 하루 일과를 관찰해보면, 점장은 지시와 질책으로 일관하고 직원들은 입을 꼭 다물고 있다. 일방적 지시는 소통이 아니다. 이런 방식은 직원들의 의욕을 꺾어버릴 뿐 아니라, 잘못은 항상 직원이 하는 것처럼 왜곡시킨다. 직원들이 자유롭게 의견을 낼수 있는 환경을 만들자. 그래야 창의적인 아이디어가 번뜩이게 된다. 칭찬과 즐거움이 넘치는 분위기 속에서 성과도 나온다. 그런 매장은 저절로 소통이 잘되게 되어 있다. 무겁게 가라앉은 분위기에서 어떻게 웃음 띤 얼굴로 고객을 대하겠는가? 고래도 칭찬하면 춤을 춘다고 하는데, 하물며 사람은 어떻겠는가?

사실 직원이 즐거우면 CS는 걱정하지 않아도 된다. 스티븐 코비의 인생을 바꾸는 90:10 원칙이란 게 있다. 인생의 10%는 통제할 수 없는 일인데, 여기에 어떻게 반응하느냐에 따라 인생의 90퍼센트가 결정된다는 내용이다. 실적에 따라 일희일비하기보다 전체적인 분위기를 편하게 이끌고 가라. 받지 않아도 될 스트레스에 매시간 시달릴 것인가 아닌가는 마음먹기에 달렸다.

오프라인 매장,
어떻게 살아남을 것인가

    매장은 지역 상권을 기반으로 하기 때문에 상권의 특성에 맞는 업종을 선택해야 한다. 매장을 열기 전에는 반드시 상권 조사를 해서 그 지역에 거주하는 주민들의 소득 수준, 주거 형태, 생활양식 등 지역의 특성을 파악한다. 고객을 모르고서는 성공할 수 없기 때문이다. 사실 이런 과정을 거치지 않고 무작정 매장을 내는 사람은 없을 것이다. 그럼에도 불구하고 성장하는 매장과 그렇지 못한 매장이 존재한다. 이유가 무엇일까?

    K 사장이 화성시 OO읍에 매장을 내는 것은 큰 모험이었다. 강남이라는 A급 상권에서 30여 년 동안 운영하던 매장을 정리하고 연고도 없는 소도시로 옮기는 것이었기 때문이다. 강남 상권은 영업을 하기에는 충분히 좋았지만 치솟는 매장 임차료와 치열한 경쟁 때문

에 이익을 남기기에는 어려움이 많았다. 새 매장은 그런 점에서 유리했으나 지역 연고가 없는 탓에 처음부터 다시 시작해야 했다.

낯선 지역에서 매장 운영하기가 얼마나 힘든지 경험해본 사람들은 다 알 것이다. 사업을 할 때 맨 처음 부딪히는 건 아무래도 관공서이다. 그 지역 주민들과도 빠른 시일 내에 친해져야 한다. 새 매장이 위치한 곳은 면 단위 지역이라 동네마다 마을 이장과 새마을부녀회장 같은 주민 대표가 있었다. 매장을 열고 얼마 지나지 않아 우연히 이들과 첫 모임을 가지게 되었다. 그런데 이 모임이 향후 지역사회의 일원으로 정착하는 데 큰 힘이 되었다. K 사장은 주민 대표들이 추진하는 사회복지 활동을 적극 후원했다. 어려운 이웃을 위한 노후 주택 수리 및 일대일 후원 등 사회사업에 적극적으로 참여하다 보니 관공서와도 협력 관계를 유지하게 되었다. 이렇게 봉사활동에 활발하게 참여함으로써 성공적으로 지역사회에 정착하게 되었다.

지방에서는 한 집 걸러 아는 사람들이기 때문에 입소문의 위력이 대단하다. 특히, 지역 유지들을 통한 입소문은 사업 성패에도 큰 영향을 끼친다. 좋은 소문을 만드는 데 가장 좋은 방법은 적극적으로 지역사회에 공헌하는 것이다.

사회 공헌 활동으로
지역사회의 일원이 되자

여주 디지털프라자 P 사장도 친화력을 바탕으로 일찌감치 지역에 안착한 경우다. 그도 실리를 따지지 않고 사회복지사업에 많은 관심을 가졌다. 독거노인을 위한 김장 담그기 행사, 지역 농산물 판매 후원, 조손가정의 노후 주택 수리를 지원하는 러브하우스 행사 등을 통해 지역사회의 일원이 될 수 있었다. 사업가들은 사람들과 관계 유지(네트워크)를 위해 지역사회 활동을 하려는 경향이 많다. 이때도 이해를 따지지 말고 봉사 활동에 참여하라. 영리를 따지지 않고 참여할 때 이미지 개선은 물론 매장 홍보 효과가 크다.

디지털프라자 범어점은 독특하게 정착한 사례다. 2011년 6월에 문을 연 범어점의 모든 직원들은 나비넥타이를 매고 있다. 계절마다 바뀌는 넥타이는 품격 있는 범어점의 상징이다. 한편 직원들마다 미소왕, 응대왕, 친절왕, 설명왕처럼 재치 있는 별명을 만들어 명함과 명찰에 표기했다. 이는 고객과의 거리를 좁히고 직원들의 이미지를 강화하는 데 도움이 되었다. 또한 범어점은 신생점이라는 약점을 극복하기 위해 '장 건강 프로젝트'를 실시했다. 상권을 발로 훑는 활동인데, 매일 아침 요구르트를 가지고 매장 주변의 관공서와 보험회사, 상가, 시장 상인들을 찾아다니며 인사를 하는 것이다. 몇 년 동안을 지속하다 보니, 해당 요일이 되면 직원들을 기다리는 풍경이 곳곳에서 펼쳐진다. 이런 고객 친화 활동의 결과 범어점은 관공서, 보험회사, 은행, 시장 등에 1,000명의 골수 팬들을 확보하게 되었고, 이들이 매출 성장을 견인하고 있다.

지역마다 상권은 서로 다른 특색을 보인다. 대치동은 학원가로 명성이 자자하다. 교육 열기가 뜨거운 만큼 학생들을 대상으로 하는 업종은 저녁 늦게까지 성업 중이며, 소득 수준도 높아 프리미엄 상품 수요가 높다. 명동이나 동대문은 관광객 수요가 넘쳐나므로 이들의 욕구 파악이 중요하고, 영업 사원이라면 최소한 외국어 한두 마디는 할 수 있어야 한다. 안산시는 외국인 노동자들이 많은 지역이므로 매장의 가격표나 쇼카드, POP 등에 외국어 표기를 해야 한다.

이처럼 매장은 상권의 특성에 맞아야 하고, 영업 사원은 고객의 특성을 알아야 한다. 매장은 상권의 일원이 되어야 하며, 영업 사원은 고객의 기대치를 만족시키는 활동을 해야 한다. 지역의 이슈와 걱정거리, 변화를 파악하는 것은 물론이고 고객들의 눈빛을 읽고 속내를 알아야 한다. 경기가 어렵고 경쟁이 치열하다고 하지만 성공하는 매장은 항상 뭔가가 다르다.

고객이 불만을 제기할 때가
오히려 기회다

고객을 안다는 것은 그들의 속마음까지 읽을 수 있다는 뜻이다. 그렇다면 고객의 속마음을 어떻게 읽을 수 있을까? 고객들과 끊임없이 대화하는 것이 한 가지 방법이다. 상담 중에 듣거나, 불만을 접수하거나, 고객의 의견을 직접 물어보라. 또는 여러 경로를 통해 간접적으로 고객의 목소리를 들어라. 대개 판매자들은 자기 관점으로 고객을 정의하고 판단하려 하는 경향이 있다.

"이 정도면 고객들이 만족하겠지?"

"이게 나의 최선이야."

이렇게 고객 눈높이에 상관 없이 자기 기준으로 판단하다 보니 때로는 지나칠 정도로, 또 때로는 턱없이 부족하게 고객을 대한다.

보통 영업하는 사람들은 고객의 VOC[09]에 매우 민감하다. VOC를 클레임으로 여기는 순간 부정적인 시각이 되어 이를 외면하는 경우가 많다. 그러나 VOC는 고객의 소리를 직접 들을 수 있는 아주 좋은 기회다. 매장이 힘 안 들이고 고객의 속마음을 읽을 수 있는 절호의 찬스인 것이다. 조사에 따르면, 고객들은 대개 불만을 표현하는 대신 거래를 끊어버린다고 한다. 그저 말없이 다른 매장으

---

09   voice of customer : 고객의 소리를 뜻한다. 대체적으로 고객의 불만을 VOC라고 통칭하기는 하나 다양한 경로를 통해 들어오는 고객의 불만이나 요구사항, 제안 등을 포괄한다.

로 발길을 돌려버리는 것이다. 매장에서는 고객들의 재구매가 일어나지 않는 원인조차 모르고 고객을 잃어버린다. 불만 고객의 10퍼센트 정도만이 적극적으로 의사 표현을 하고 문제 해결을 원한다고 하니, 매장 입장에서는 목소리를 내는 고객이 얼마나 반가운가? 고객이 '이 매장의 문제점은 이것이다'라고 지적해주는 것만 개선하면 매장은 점점 좋아질 것 아닌가?

소도시에 있는 디지털프라자 매장을 방문한 적이 있다. 대도시 매장보다 훨씬 영업을 잘한다는 소문 때문이었다. 매장을 한 바퀴 둘러보기만 했는데도 그 이유를 어느 정도 알 것 같았다. 많은 제품에 고객들의 사용 후기가 붙어 있고, 사은품은 고객들이 선호하는 것이었다. 직원이 말하기를, 때로 영업 사원의 백 마디 설명보다 고객의 사용 후기가 훨씬 설득력 있다고 한다. 사은품도 매장에서 고른 게 아니라 고객들의 의견을 듣고 선정한 것이어서 당연히 반응이 좋다.

이 매장이 처음부터 고객의 소리에 관심을 가진 것은 아니었다. 매장 간 경쟁이 치열해지면서 판촉을 자주 하게 되었는데, 시간이 흐를수록 고객들의 반응이 신통치 않아졌다. 그 원인을 모르고 있다가 몇몇 단골들의 SNS를 통해 고객의 소리를 듣게 되었다. 기회가 생기자 고객들은 그동안 드러내지 않았던 속마음을 하나씩 내비치기 시작했다. 이건 이렇게 했으면 좋겠고, 어느 매장에 가니 저건 저렇더라는, 다양한 의견을 들을 수 있었다. 그중 쉬운 것부터 고쳐보았더니 고객들이 무척 좋아했다. 그 이후 고객의 의견을 듣는 데 SNS를 적극 활용하기로 하고 대화방을 만들어 운영하고 있다. 대화방을 통해 매장 정보를 고객들에게 제공했다. 고객들의 사용 후기를 모집하고 시상하는 고객 참여 이벤트도 열었다. 여기서 나온 고객들의 의견이 고스란히 매장에 반영되고 있다.

현대전은 정보 싸움이라고 하는데 기업 활동도 마찬가지다. 기업들이 폭 넓은 정보망을 가지려는 이유는, 문제가 생기기 전에 그 징후들을 포착하면 저렴한 비용으로 예방할 수 있기 때문이다. 매장이나 영업 사원들도 발상을 전환하여 VOC 청취 경로를 다양하게 확보해야 한다. 고객의 소리를 외면하지 말고, 할 수만 있다면 더 많이 듣도록 노력하라.

다만 한 가지 주의할 것이 있다. VOC를 입수하게 되면 즉시 피드백을 해주어야 한다. 고객이 큰맘 먹고 의견을 제시했는데 반응이 없으면 더 이상 목소리를 내지 않게 된다. 만약 여러분 매장에 불만이 발생한다면 가장 빠르게 대처하라. 고객이 무얼 원하는지 빨리 알아내서 그 이상으로 조치를 취하라. 비용이 훨씬 절감되는 것은 물론이고, 해결 과정에서 충성 고객을 얻을 수도 있다. 사소한 불만이라고 무시하다가 문제를 키워 낭패를 보는 사례를 흔히 볼 수 있지 않은가? 요즘은 인터넷과 SNS를 통해 고객들의 불만이 금방 광범위하게 확산된다. 잘못 응대하는 순간 매장 문을 닫아야 하는 사태도 벌어진다. 반대로 생각하면 감동의 목소리도 널리 퍼진다는 사실에 주목하자.

고객의 소리에 대해 신속하고 정확하게 반응하는 것은 고객의 소리를 더 많이 들을 수 있도록 길을 확장하는 일이며, 사업의 성공을 보장하는 길이기도 하다.

답은 항상 현장에 있다

혼다의 창업자인 혼다 소이치로의 경영 원칙 중에 '3현주의'가 있다. '현장'에서, '현물'을 관찰하고, '현실'을 인식한 후에 문제 해결 방안을 찾아야 한다는 내용이다. 요즘은 많은 정보를 쉽게 얻을 수 있는 시대이지만, 그래서 부작용이 생기기도 한다. 정보에만 의지해서 문제를 해결하려 하다 보니 오판할 가능성이 큰 것이다. 그래서 최근엔 3현주의 경영 원칙이 부각되고 있다.

3현주의를 한마디로 정리하자면, 현장에 답이 있다는 얘기다. 무슨 문제가 발생하면 외부에서 이러쿵저러쿵 참견을 하는데, 현장을 잘 모르기에 아주 쉬운 문제를 어렵게 푸는 경우다. 문제가 발생했을 때 관련된 자료나 정보를 찾아보고 외부 의견을 들을 필요도 있지만, 근본적인 해결책은 현장에 있다는 것을 알아야 한다. 괜히 시간과 돈을 낭비하면서 해결책을 찾느라 고민하지 말고 현장 전문가가 되라. 현장 전문가가 되라는 말은, 현장을 제대로 알고 있으라는 얘기다. 점장에게 현장은 어디를 말할까? 바로 매장이 현장이고, 경쟁 점포가 현장이며, 고객이 있는 곳이 다 현장이다. 매장에서 일어나는 문제의 원인과 해결 방안은 매장에 근무하는 사람들이 제일 잘 안다.

가전 업계에서 유명한 일화를 가진 임원이 있다. 그는 현장 전문가로서, 주말에 골프나 치는 그런 쪽하고는 애당초 거리가 멀다. 퇴근 후나 주말에도 매장을 방문하여 직원들을 격려하고 시장 상황을 점검하는 게 일이다. 매장 직원들의 애로 사항을 해결해주는 게 자기 본업이라고 입버릇처럼 얘기한다. 현장 해결사다. 아마 담당 사원보다도 활동량이 많을 것이다. 이처럼 현장에서 살다시피 하니 회의에 들어가면 모두가 그의 입을 쳐다보게 된다. 발로 뛰며 알게 된 생생한 정보들은 흥미도 있거니와 현장감이 묻어나기 때문이다. 오랫동안 풀리지 않던 과제도 그의 정보를 토대로 하여 대책을 수립하곤 한다.

현장을 안다는 것은 그만큼 중요하다. 점장이라면 더욱 더 영업 현장을 중시하라. 고객이 있는 현장에서 문제 해결 방안을 찾아내자. 어떤 문제에 부딪히면 직원들과 머리를 맞대고 차분하게 '왜?'라는 질문을 세 번만 되뇌어보자. 답은 항상 현장에 있다.

고객의 마음을 훔치는 것이
매출을 늘리는 진정한 비법이다

책을 마무리하며 점장 시절 수많은 시행착오로 인해 난감해하던 때를 문득 떠올린다. 그 당시는 선배의 조언을 구하기도 힘들고 참고할 만한 책도 변변찮았기에, 눈앞에 닥친 문제들을 해결하기 위해서는 오직 몸으로 부딪칠 수밖에 없었다. 그렇게 경험하면서 하나씩 깨우쳤으니, 지금 돌아보면 참으로 답답한 세월이었다. 그래도 그때의 경험은 소중한 자산이 되었다. 더구나 후배 영업인들에게 길라잡이가 될 수 있다면 가치 있는 일 아니겠는가? 마무리하는 글을 쓰자니 무거운 과제 하나를 풀어낸 듯, 평생 안고 가야 할 짐 하나를 덜은 듯 홀가분하다.

현장에서 활동하다 보면 느끼겠지만, 고객의 마음은 알다가도 모를 경우가 허다하다. 아무리 많은 비용을 들여 서비스를 제공해도 고객이 싫어하면 어쩔 수 없는 일이다. 이런 까닭에 영업을 하는 입장에서는 고객을 이해하는 것만큼 중요한 일이 없다. 고객을 이해하면 의외로 대응하기가 쉽다는 사실을 알게 될 것이다.

여기서 중요한 단서가 된 것은 구매의사 결정 과정이라는 소비자 행동 이론이다. 나는 이 이론에 입각하여 영업 사원이 할 수 있는 활동을 고민했다. 소비자와 판매자의 행동은 언뜻 별개로 보이지만 서로 연결되어 있다. 소비자가 정보를 탐색할 때 판매자는 자기 상품이나 매장을 효과적으로 노출시키고, 비교하고 평가하는 단계에서 가장 우선적으로 선택하게 만든다. 판매에 성공하면 후속 활동을 통해 재선택을 유도한다. 영업 현장에서 하는 활동은 이러한 단계들을 이어주는 끈이다.

이 책은 매출이 일어나는 각 과정, 각 단계에서 어떤 활동들을 해야 고객의 마음을 훔칠 수 있는가를 말하고 있다. 그것은 각각 저자가 새롭게 해석한 인지율, 방문율, 상담률, 성공률, 재방문율, 추천율 같은 용어로 표현하였다. 그리고 이러한 지표를 높이는 활동이야말로 매출 향상에 직접적인 도움을 준다고 강조하였다. 그런 활동들은 매장의 상황에 따라서 다른 형태, 다른 이름으로 나타날 테지만 매출을 끌어올린다는 목표는 동일하다.

이 활동들은 시작과 끝이 불분명하며 서로 경계도 존재하지 않는다. 모든 활동이 독자적으로 존재하지 않고 상호 유기적으로 연계되어 있다. 그러므로 'A' 활동을 끝내고 다음 단계로 'B', 'C' 활동을 하는 게 아니다. A를 하면서 B를 하고 C를 동시에 할 수밖에 없다. 예를 들자면, 현실적으로 홍보 활동을 전혀 안 하는 매장은 없다. 심지어 그런 매장도 최소한 간판은 걸었을 것이다. 고객 관리를 전혀 안 하는 매장도 없다. 단돈 몇천 원짜리 신용카드 매출이라도 발생할 테니 말이다. 그런데 목표는 매출을 지금보다 더 늘리고 싶은 것이다. 지금보다 더 매출을 늘리려면 지금까지 해왔던 행동보다 뭔가는 하나 더 하든지, 지금까지 해오던 활동의 질을 높이든지 해야 한다. 특히 매출에 효과적인 활동은 매장의 가장 취약한 부분을 찾아 제일 먼저 개선하는 것이다.

◇◇◇

고객의 구매의사 결정 과정과 판매자의 영업 활동 사이에 어떤 관계가 있는지 알았다 해서 다 끝난 것은 아니다. 이론과 현실은 다르다. 매장의 문제를 해결하는 것은 책이 아니다. 바로 독자들이다. 아마도 이 책을 읽는 영업인은 다음 네 가지 중 어느 한 부류에 속하는 사람일 것이다. 매출 원리도 모르고 행동도 안 하는 사람, 원리는 이해하지만 행동으로 옮기지 못하는 사람, 원리는 모르지만 어쨌든 행동을 하는 사람, 원리를 알고 그것을 행동으로 옮기는 사람.

사실 매출 원리를 몰라도 행동하는 사람이 현실적으론 좋은 성과를 올릴 수 있다. 그만큼 이론보다는 행동이 중요하다. 그런데 이치를 알고 행동하면 훨씬 많은 효과를 낼 수 있다. 원리를 아는 데서 그치지 않고 행동으로 옮기는 자만이 승리할 수 있다. 영업 환경이 점점 어려워지는 가운데 현장에서는 무엇을 해야 하는지 비법을 알고 싶어 한다. 이 책에서 설명한 매출 원리를 이해한다면 '얼마나 충실하고, 끈기 있게 고객의 마음을 훔치는 활동을 하느냐'가 비법이란 걸 쉽게 알 수 있을 것이다.

이 책에는 삼성전자에서 오랜 영업 활동을 하며 체득한 경험과 노하우 보따리에서 가장 기본적인 매출 향상 원리 하나만을 풀어 놓았다. 부디 매출 때문에 고민하고 있는 영업인들에게 유용하기를 바라며, 독자들도 머리로만 이해하지 말고 행동으로 옮겨 성과를 직접 경험하기 바란다. 점포 경영, 판촉, 고객 관리, 상품 디스플레이, 직원 육성 등에 대한 구체적인 이야기는 다음에 기회가 있다면 풀어놓을 생각이다.

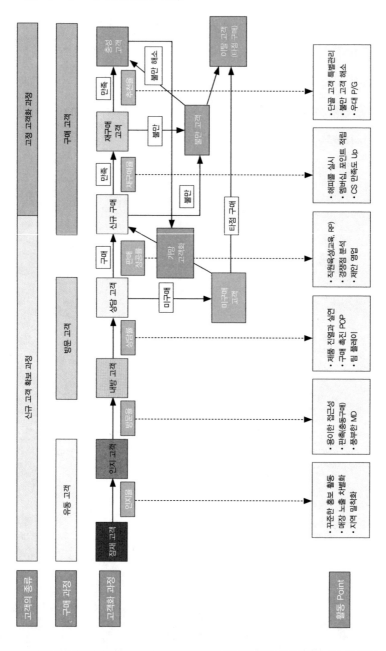

핵심 체크 2 매장의 자가진단법

1. 매출 점검 : 매출이 오르지 않을 때 점검해야 할 사항

부진 원인	세부 원인	구체적 점검 항목	강화 활동 Point
객단가가 낮다	(품목)판매 단가 낮음	매출 단위	• 상품 가격대 • 세트 판매
		프리미엄 판매	• 판매 기술, • 직원의 자세
	판매 수량이 적다	상품 MD	• 인기 상품, 관련 상품, 대체 상품
		진열	• 진열(세트, 중복) • 상품간 연관 진열 • 진열 위치
		POP, 쇼카드, 전단	• 제품 소구력, 임팩트, 레터링 • POP 수량
고객 수가 적다	입지 조건이 나쁘다	고객 흡인력	• 점포 신설시 고려
		경쟁점 유무	
		고객 접근성	
		상권 규모	
	매장이 비효율적이다	매장의 매력도	• 종업원의 용모/복장 • 매장 청소 • 집기/비품 청결도
		상품 선택의 용이성	• 상품 구색 • 진열 집기, 진열 방식 • 매장 쇼카드 • 상품 배치 및 정리 정돈 • 고객 구매 동선, 통로
		진열	• 진열의 변화 • 진열 수량, 풍부한 양감
		계산대	• 계산 오류, 실수 • 시스템 사용법 • 고객 대기 시간

고객 수가 적다	매장이 비효율적이다	접객 기술	• 서비스 마인드 • 고객 문제 해결, 불만 처리 • 접객 태도 • 상품 지식

		매장 분위기	• 배경음악, 집기, 냄새,
			  냉난방, 조명, 바닥,
			  매장 입구, 매장 구조

	판촉 능력이 낮다	매장 홍보	• 지역사회 참여 • 지역 적합성(상품, 가격) • 매장 이미지
		광고, 전단	• POP, 쇼카드 연구 • 전단 게재 상품 및 수량
	판매 가격이 높다	상품 가치 부여	• 경쟁점 연구 • 저가격 상품 운영
		이익 추구	• 비용 과다 • 노동생산성 • 마진(영업 이익률)
		제품 매입 가격	• 매입 방법 • 매입량
	취급 상품이 부적절	상품 보관	• 창고 등 보관 공간 • 상품 취급 방법
		발주	• 상품 지식 부족
		주력 상품, 미끼 상품	• 상품 배치 • 진열 수량 • 상품의 질 • 경쟁점 대비 가격대
		상품 품절	• 매입량 • 상품 관리 • 판매 데이터 분석
		상품 구색	• 상품의 신선도 • 취급 상품의 종류 • 가격대별 분류 • 소비자 성향

2. 이익 점검 : 이익이 나지 않을 때 점검해야 할 사항

주요 원인	세부 원인	구체적 점검 항목	강화 활동 Point
회전율이 낮다	매출 규모가 작다	매출 체크리스트	
	경영 자본이 적다	설비 투자	• 판매 능력과 투자금 • 설비 투자
		재고	• 상품 관리 • 판매 예측 능력
		차입금	• 투자 계획의 적절성
		운영 자금	• 유동성
		재무 관리	• 자금 운영 계획서
영업 이익이 낮다	총이익이 낮다	상품 원가	• 매입 방법 • 상품 관리
		이익 금액	• 미끼 상품 운영 • 품목별 이익 • 고객의 가격 탄력성 • BEP 매출 • 판매 방식, 습관 • 목표 관리 (매출, 이익)
		예상 이익	• 품목별 이익률 • 상품 손실(Loss) • 이익 산출법
	비용이 크다	판매 관리비	• 배송/서비스 • 광고, 선전 효과 • 판촉 효율성 • 재고 처분
		매입 경비	• 재고비, 창고 운영비
		인건비	• 종업원 수 (업무 합리성, 조직 체계성, 업무 표준화) • 급여 수준 (능력과 급여 수준, 수당, 배치) • 종업원의 도덕성 (업무 환경, 대우, 비전, 자질, 교육, 인사 관리, 인간관계 등)

핵심 체크

		기타 경비	• 원가 인식, 금리, 임차료 • 직원 이직률
영업 이익이 낮다	생산성이 낮다	노동생산성	• 총이익 금액 • 종업원 수
		인건비 1만 원당 생산성	• 임금 수준 • 업무 배치의 적절성 • 적정 업무량
		임금 인상율	• 생산성 향상성 대비
		평당 판매 효율	• 자본생산성(설비 투자, 재고)
	용도가 불분명한 비용 과다	금전 관리	• 경비 예산 계획
		내부 감시 기능	• 현금 관리 • 경리 직원 교육
		재고 조사 방법	• 검품 부정확 • 부정
		상품 관리	• 상품 손실(Loss) • 재고 평가 방법

3. 진열 점검 : 고객의 편리한 쇼핑을 위한 매장의 구성

점검 항목	세부 항목	구체적 강화 활동
보기 쉬운 진열인 가?	찾기 쉽게 상품 분류	• 상품군을 알기 쉽게 분류 • 분류 표시(코너명)를 붙인다
	찾기 쉬운 위치 선정	• 고객의 구매 습관에 맞는 위치 선정 • 관련 상품과의 연관 판매 고려 • 상품 특성에 맞는 위치 선정 • 계절 상품, 신제품의 진열 위치
	보기 쉽게 유지	• 다른 상품의 차단, 고객 흐름 고려 • POP가 상품보다 돋보이면 안 됨 • 상품이 고객의 정면에 오도록

고르기 쉬운 진열인가?	색채/조명의 효과적 사용	• 상품의 색상과 색채 고려한 진열 • 상품에 맞는 조명 활용 • 매장은 밝게 • 스포트라이트 적절히 활용
	고르기 쉬운 진열	• 상품 코너 구분 • 상품 용도별 진열 • 상품 크기별 진열 • 가격표, 쇼카드에 가격 표시 • 고객에게 제안하는 진열/연출
	고객의 선택 구매 가능	• 고객 스스로 적합한 상품 선택이 가능 • 비교하기 쉬운 위치에 진열 • 진열 공백이 없도록 • 진열 공백 시 대체 상품 준비
집기 쉬운 진열인가?	오픈 진열	• 손으로 집기 쉽도록
	진열 위치	• 고객이 편안한 자세로 볼 수 있는 위치 • 손이 닿는 곳에 진열 • 큰 상품은 하단, 작은 상품은 상단에 • 가장 집기 쉬운 곳에 인기 상품을
	진열 방법	• 넘어지지 않도록 안정적인 진열 • 질서 정연한 가운데 약간의 파격을 • 진열 면은 단정하게 • 상품에 맞는 진열 집기를 • 쇼카드 남용 방지
	가격표, POP의 부착	• 가격표, POP는 제자리를 지킨다
느낌이 좋은 진열인가?	청결한 진열	• 상품 보충은 선입 선출 • 먼지 제거 • 파손/오손 • 인접 상품끼리 주는 이미지
	즐거운 진열	• 상품의 특성에 맞는 연출 • 조명, 연출의 효과 • 계절감, 신선감을 부각하는 연출 • 진부한 느낌이 들지 않도록

_핵심 체크

풍부함이 느껴지는 진열인가?	진열 수량	• 표준 진열 양 준수 • 양감을 살린 진열
	상품의 종류	• 비교 구매가 가능한 상품의 종류 • 인지도가 높은 상품 구비 • 다양한 색상의 상품 구비 • 관련 상품을 충분히 구비 • 계절 상품 구비
	임팩트 있는 연출	• 진열 보조 기구의 활용(거울) • 빈 공간 활용 • 상품의 모양을 감안한 연출 • 상품의 계절감, 신선감을 살리는 진열/연출
효율이 좋은 진열인가?	수익성을 고려한 진열	• 인기 상품의 진열 위치 • 관련 상품을 고려한 진열 • 이익, 회전율 감안한 진열 양과 위치 • 고수익 상품의 진열 위치 • 수익성 고려한 진열 공간과 방향 • 골든존, 엔드존에 고수익 상품을 • 매장에서 가장 효율 좋은 위치 활용
	손실(Loss) 방지 진열	• 분실이 쉬운 제품의 위치 선정(선반, 계산대) • 거울을 활용한 진열 • 풍부한 양감을 주며 진열 수량 줄이는 방법
	능률적인 진열 작업	• 표준 진열 수량, 최대~최소 수량 • 진열 보충 횟수 조절 • 업무 표준화로 진열 작업 시간대 규정

"장사를 잘하는 매장은 단골 고객들의 사랑방 구실을 하고, 영업 사원들은 컨설턴트 역할을 한다. 최고의 영업 사원이 되려면 단순히 제품만 팔아서는 안 된다. 고객이 안고 있는 문제 해결을 위해서 아이디어와 지식을 제공해주는 라이프 컨설턴트가 되어야 한다."

가치를 사는 소비자 공감을 파는 마케터

**남다른 가치를 찾아내는
마케팅 두뇌 만들기 프로젝트**

김지헌 지음 | 304쪽 | 15,000원

2016년 세종도서 교양부문 선정

온라인 소비자,
무엇을 사고 무엇을 사지 않는가

행동경제학으로 읽는 온라인 비즈니스 성공 전략

슐로모 베나치, 조나 레러 지음 | 이상원 옮김
288쪽 | 15,000원

심리학으로 팔아라

영업의 고수는 어떻게 심리학을 활용하는가

드루 에릭 휘트먼 지음 | 문희경 옮김
곽준식 감수 | 248쪽 | 14,000원

브랜드, 행동경제학을 만나다

소비자의 지갑을 여는 브랜드의 비밀

곽준식 지음 | 336쪽 | 15,000원

미래를 만드는 기업은 어떻게 일하는가

일하는 방식을 바꾸는 8가지 혁신 키워드

김동준 지음 | 348쪽 | 16,000원

2015년 세종도서 교양부문 선정도서

최고의 서비스 기업은
어떻게 가치를 전달하는가

서비스는 고객 만족이 아니다, 가치 전달이다

정도성 지음 | 240쪽 | 15,000원

완벽한 서비스는 어떻게 탄생되는가

서비스 고수가 말하는 서비스 불변의 법칙

리 코커렐 지음 | 신현정 옮김 | 228쪽 | 14,000원

영업의 고수는 다르게 생각한다

최고 영업자가 일하는 방식은 무엇이 어떻게 다른가

마르틴 림벡 지음 | 장혜경 옮김 | 272쪽 | 14,000원

그 매장은 어떻게 매출을 두 배로 올렸나

초판 1쇄 발행 2017년 6월 26일
초판 7쇄 발행 2022년 12월 1일

지은이 • 이춘재

펴낸이 • 박선경
기획/편집 • 이유나, 강민형, 오정빈, 지혜빈
마케팅 • 박언경, 황예린
교정/교열 • 윤수정
표지 디자인 • twoes design
본문 디자인 • 디자인원
제작 • 디자인원(031-941-0991)

펴낸곳 • 도서출판 갈매나무
출판등록 • 2006년 7월 27일 제395-2006-000092호
주소 • 경기도 고양시 일산동구 호수로 358-39 (백석동, 동문타워 I) 808호
전화 • 031)967-5596
팩스 • 031)967-5597
블로그 • blog.naver.com/kevinmanse
이메일 • kevinmanse@naver.com
페이스북 • www.facebook.com/galmaenamu

ISBN 978-89-93635-83-6 / 03320
값 15,000원

이 도서의 국립중앙도서관 출판예정도서목록(CIP)은 서지정보유통지원시스템 홈페이지
(http://seoji.nl.go.kr)와 국가자료공동목록시스템(http://www.nl.go.kr/kolisnet)에서
이용하실 수 있습니다.(CIP제어번호: CIP2017013320)